L'impossible est mon espoir

Charlotte Husson

L'impossible est mon espoir

Une histoire de résilience

MARABOUT

À mon « correcteur » bienveillant,
qui me connaît si bien…

Prologue

Parce que vous êtes en vie,
tout est possible.

Thích Nhãt Hạnh

Au soir du 2 avril 2013, dans ma vingt-septième année de vie, le spectre d'Amy Winehouse, Kurt Cobain, Jim Morrison, Janis Joplin, Jean-Michel Basquiat, s'est mis à me hanter. Une malédiction frapperait-elle au passage des vingt-sept ans ? Il n'est pas bon d'être superstitieuse, hypocondriaque suffit. En fait de malédiction, ces artistes n'avaient que trop tiré sur la corde qui les reliait à leur existence jonchée d'excès. Moi, à cet âge, je n'étais pas une artiste maudite, je nageais dans le bonheur et l'insouciance. Mais dans ce bel océan rôdaient aussi des requins voraces, que je n'ai pas vus venir me mordre sournoisement.

Ces dents de la mer portaient un autre nom : carcinome de l'ovaire stade III, grade 1, code « K » ; un cancer de l'ovaire à un stade avancé, si vous préférez.

Aujourd'hui encore, j'ai du mal à nommer ce K ; pourtant, il a transformé ma vie de fond en comble de façon extraordinaire. La tourmente a duré vingt mois. J'en suis sortie dévastée, mais avec la rage de me reconstruire, armée d'une double lame, de prendre ma revanche sur ces requins voraces qui m'ont volé deux années et de donner du sens à cette épreuve en regardant droit devant moi.

L'histoire qui va suivre n'est pas un récit construit. C'est un collage fait de petits matins gagnés sur les nuits, de sons, d'odeurs, de musiques, de peurs, de rires, d'espoir, de merveilleuses rencontres, d'émotions, de rebonds, d'entreprises et de chance finalement... dans un bric-à-brac qui n'est que le décalque de mon cerveau, conçu pour préférer le désordre vital à l'ordre mathématique.

Plutôt qu'une tentative d'organisation narrative, hors de ma portée, des mots-clés sont remontés à la surface, comme une évidence.

Renaissance, *résilience*, *confiance*, *rencontres*, *lien*, *trace*, *colère*, *gaieté*, *courage*, *estime de soi*, *Méditerranée*, *Michka*, *oser*, *entreprendre*, *utile*… Plein d'autres… Tous ces termes que ma vie a scandés pendant cinq ans sont livrés dans ces pages. Chacun d'eux est une fenêtre ouverte sur un fragment de vie qui s'entête envers et contre tout. On pourra entrouvrir ces fenêtres un peu comme les lucarnes des calendriers de l'Avent.

Quand je croyais au Père Noël, mes parents, le vingt-cinquième jour avant le réveillon, accrochaient au mur de ma chambre le calendrier de l'Avent. L'objet comportait vingt-cinq petites cases correspondant à chacune des journées qui précèdent Noël, tout cela sur décor inévitablement composé de rennes tirant un traîneau au milieu de sapins enneigés. À force de zigzags, le chargement du traîneau volait en tous sens, symbolisant impatience et joie. Mais le plus important était bien ces fameuses lucarnes. La liturgie, ou plutôt l'usage coutumier, voulait qu'en se levant on ouvrît, chaque matin, une seule fenêtre, derrière laquelle attendait un petit chocolat ; puis, le jour suivant, on découvrait la lucarne voisine, jusqu'à la vingt-cinquième tant convoitée. L'idée, biblique j'imagine, était d'inviter à la patience et au recueillement avant l'enchantement de Noël… Ces choses ne me touchaient guère, je le confesse. Toutefois, je n'irai pas jusqu'à me satisfaire que le calendrier de l'Avent devienne ce que les gourous de la pub appellent « teasing », pour vendre des kilos de chocolats lorsque décembre se pointe dans les grandes surfaces.

Bien sûr, il était impossible pour moi de respecter le compte à rebours journalier. À J-15, toutes les lucarnes avaient déjà été sondées, vidées de leur contenu et refermées en douce. Face à tant d'impatience et d'indiscipline, on disait que le Père Noël serait contrarié, envisageant même de faire grève le 25… ce qui n'arriva jamais, il fut toujours ponctuel et généreux.

Vous pourrez ouvrir ces fenêtres comme j'entrouvrais les lucarnes de mon calendrier de l'Avent, au gré de votre humeur ou de votre instinct. Mais soyez assuré que derrière chacune d'elles, contrairement au Père Noël, j'existe, véritablement.

Tous ces mots m'auront aidée à percer un double mystère. Le premier est insondable : d'où vient-il, ce K qui a décidé de me mordre méchamment sans préavis ? Je n'ai guère envie de philosopher sur la fatalité. On passe beaucoup trop de temps à se demander *pourquoi* cela est survenu, alors que *comment* retrouver toutes les voies de la vie est l'urgence absolue. Faire plutôt que dire.

Comment suis-je donc parvenue à m'en sortir ? Avant, j'étais insouciante, suiveuse et contemplative… et puis douillette, du genre à gémir à la vue d'une seringue avant même que celle-ci ne m'ait effleurée. J'étais aussi salariée, exécutante, peu encline à bousculer ma routine et à prendre des risques. Après la tourmente, néanmoins, je me suis réveillée et révélée à moi-même, résiliente, opiniâtre, impatiente de me consacrer de nouveau à mon métier de styliste, non pas comme exécutante, mais comme entrepreneure pour mieux transformer la routine en engagements riches de sens. Voilà le second et vrai mystère, celui qui va engendrer la création de mon blog, de mon entreprise et de mes marques sous le nom de… Mister K.

Ce collage est juste un hymne à la vie, mon récit de résilience.

Aucun manuel de survie, aucune « cellule psychologique », comme en ouvrent les urgentistes aujourd'hui, simplement une expérience vécue derrière chacun des mots qui vont suivre, racontée par moi-même, Charlotte, entrepreneure, activiste de la vie, du lien et du partage, du fond du cœur… parce que le Renard enseigne au Petit Prince :

> *Voici mon secret. Il est très simple : on ne voit bien qu'avec le cœur. L'essentiel est invisible pour les yeux.*

Et mon cœur a formidablement bien tenu son rang et sa fonction, contre vents et marées, quand d'autres organes se détérioraient lentement. Il fut sans cesse alimenté par l'amour et l'affection des proches, de mes irremplaçables amies et amis, mes sœurs et mes frères de cœur… Aucune, aucun, ne m'a lâchée, jamais intrusif, jamais théâtral, jamais pathétique, juste exemplaire et généreux. Sans elles, sans eux, je n'aurais pas trouvé le ressort pour ajouter les petits matins de fol espoir aux nuits d'abîme. Ce récit leur est dédié. Quelques-uns apparaissent au casting, parce qu'ils ou elles sont spécialement liés à un épisode qui correspond à la gestation de mon entreprise. Que celles et ceux qui n'apparaissent pas au gré de la narration sachent que la chimio, qui peut laisser quelques trous dans le cerveau, n'aurait toutefois jamais pu les effacer. Aucun être aimé n'est absent du tréfonds de mon cœur, chacune, chacun se sentira vibrer entre mes lignes, je le sais et je le ressens.

Ah, au fait, pour être complète, quelques précisions cliniques rapides et puis, promis, nous n'en reparlerons que si nécessaire. Je déteste le pathos. Me furent servies : trente-six séances de chimio, six opérations chirurgicales, y compris résection des organes affectés, et, bouquet final, une stomie. Ce dernier point mérite une brève note explicative. Comment le dire pudiquement ? Il s'agit d'un court-circuit, ou plutôt d'un circuit court, dispositif artificiel d'évacuation des éléments digérés directement dans une poche collée sur l'estomac, le temps que la tuyauterie des voies naturelles cicatrise. Vous m'avez comprise ? En plus de toutes les figures imposées du plan de lutte médical et psychique, la stomie vint à la fin des fins tester ma capacité de résistance à l'impudeur.

Aujourd'hui, il me reste des cicatrices abdominales que de bonnes fées, au bloc opératoire, ont dessinées de manière assez géométrique et auxquelles je me suis habituée, plutôt mieux peut-être qu'une de mes copines qui découvrit que son tatouage cabalistique, qu'elle était impatiente d'exhiber, était entaché d'une faute d'orthographe indélébile. C'est ballot, mais ce sont des choses qui arrivent. Voilà pour la surface du récit, le fond est beaucoup plus complexe et mystérieux, en raison d'une autre cicatrice à vie, invisible et douloureuse, mon infertilité définitive.

I. Renaissance

Chaque blessure laisse une cicatrice,
et chaque cicatrice raconte une histoire.
Une histoire qui dit : j'ai survécu.

Auteur inconnu

La quille ! Fin 2014, mon oncologue m'annonce que je suis « en rémission », avec l'œil satisfait et complice de l'artiste qui vient de jouer une belle partition. Cet homme a été un compagnon de route inestimable. Il a tout pour me plaire : une organisation perfectible, des tenues improbables sous sa blouse blanche jamais boutonnée et… c'est un fumeur impénitent ! Mis à part ces trois singularités qui me le rendent furieusement sympathique, il pratique sa médecine comme un moine soldat. Fréquenter la mort chaque jour, avec pour seules armes humanité, compétence et autodérision, touche aux frontières du sacerdoce universel.

Mais que faire de cette libération tant attendue ? Je n'ai jamais connu l'ivresse.

Il y a urgence à ressentir une forme d'enivrement et à rattraper le précieux temps perdu. Je veux tout : rire, voyager, retravailler, avoir un enfant par tous moyens autres que ceux que le K vient de m'arracher… reprendre au moins les huit kilos disparus en route sur les cinquante-cinq que je pesais avant d'entrer dans l'œil du cyclone.

Par où commencer ?

D'abord par faire la fête, évidemment.

Avant toute chose, évacuer de mon appartement les ustensiles médicaux, les pansements et les produits marqués du sceau des souffrances du passé. Il suffit d'un rien, un détail, un objet déplacé, des senteurs nouvelles, pour renaître à moi-même dans mon écrin, fraîchement repeint d'espoir.

Amollie dans mes coussins blancs, je respire lentement les effluves de mes bougies. Flottent des notes boisées et des pointes de jasmin, selon les as du marketing qui les ont concoctées. Tout est bon pour mon odorat qui doit impérativement déloger l'empreinte de la Bétadine ; avec son odeur et son jaune qui tache, elle est un concentré symbolique de mes tourments révolus. De fait, le surplus de flacons funestes est jeté dans la caisse de médicaments que je vais restituer *illico presto* à ma pharmacienne. Face à cet excédent, je ne peux m'empêcher d'avoir une pensée navrée pour le gouffre que représente l'assurance maladie dans notre bon vieux pays. Navrée, mais tellement reconnaissante aussi, quand je repense à toute la chaîne d'humanité et de compétences de l'hôpital public, qui m'a portée jusqu'à cette rémission.

Depuis mon QG capitonné, j'invite ma bande pour le lendemain soir à venir inspirer cet air enivrant de liberté ou de libération, au choix. Il sera question de célébrer la vie qui palpite de nouveau. Pas besoin d'un préavis plus long, je sens bien que tous attendaient mon signal de retour à la vraie vie depuis longtemps.

Pas un, pas une ne manque à l'appel. Ils arrivent par petits groupes exubérants et je note que les retardataires coutumiers sont exceptionnellement à l'heure ; cela me fait plaisir. Côté nourriture, la diététique n'est pas un sujet de préoccupation ce soir. Les garçons forcent sur les alcools et quelques filles, mes sœurs de cœur, aussi. Comme ma voisine est une vieille dame adorable et un peu sourde, il n'est guère question de limiter le bruit et les éclats de rire.

Une première playlist s'impose en douceur, pleine d'émotions. Une des filles a listé « *Ho Hey* » des Lumineers. Elle sait que cette chanson m'a accompagnée en secret jusqu'à ma rémission, comme un talisman synonyme d'espérance :

And love, we need it now
Let's hope, for some
Cause oh, we're bleeding out…
I belong with you, you belong with me, you're my sweet (Ho!)
Hey, ho[a] *!*

J'écrase une petite larme, imperceptible. Stromae prend vite le relais au son d'« *Alors on danse* ». Le gentil Belge s'efface presque aussitôt sous les coups de boutoir de « *Baby, please don't go* » des Them, un truc de mecs, du rock pur et dur de Belfast, qui doit dater du crétacé, juste avant la disparition des dinosaures. Difficile d'expliquer, selon les diverses théories de l'évolution des espèces, comment ce rock énervé et râpeux a pu laisser place à la *world music* et au hip-hop, mais qu'importe l'interprétation, j'adore danser. J'adore aussi le karaoké, ce moment de stupidité assumée et fusionnelle, comme un rite païen. Il va falloir rattraper le retard de toutes ces séances tenues sans moi, « j'ai plus d'appétit qu'un barracuda… bar-ra-cu-daaaa !! ».

Les lendemains de fête sont en général déprimants. Aujourd'hui, pourtant, je trouve tellement de joie à pouvoir faire la vaisselle, passer l'aspirateur, procéder au tri sélectif entre (nombreuses) bouteilles vides et reliefs de nos retrouvailles.

Je regarde avec gourmandise tous ces marqueurs de la vie ordinaire, alors qu'« avant », les tâches ménagères étaient un pensum qui me rendait vite irritable.

---

a. Et l'amour, nous en avons besoin maintenant / Espérons-le davantage / Parce que nous saignons… / Je suis où tu es, tu es où je suis, tu es (Ho !) mon aimée / Hey, ho !

Force est de constater, cependant, que ce joyeux retour à la normalité masque une dure réalité : ma vie en vrac est à reconstruire. Une fois mon appartement bien remis en ordre après cette belle soirée, j'ai comme l'impression de faire face à un immense puzzle de mille pièces, éparpillées sur ma table de salon, à reconstituer dare-dare.

Si, par exemple, il était question d'assembler un puzzle figurant le Sacré-Cœur sous la neige, un paysage fait de blanc, de bleu très pâle, d'une touche de gris et de peu de contrastes, les spécialistes ès puzzles préconiseraient, premièrement, de trier les fragments présentant des spots de couleurs identiques ; deuxièmement, d'en établir des tas distincts ; troisièmement, de commencer en reconstituant les angles et les bords ; quatrièmement, de gagner petit à petit le centre ; enfin, de résister à la tentation de tout envoyer balader et d'adopter au contraire une méthode d'assemblage digne d'un moine shintoïste, fondée sur une extrême patience et un contrôle de soi en toute circonstance.

Or, extrême patience, contrôle de soi et rationalité sont des notions dont j'ai entendu parler et que j'envie secrètement chez celles et ceux de mes amis qui en sont doués…

2. HSP

Je suis doué d'une sensibilité absurde ;
ce qui érafle les autres me déchire.

Gustave Flaubert

La rationalité n'est donc pas mon point fort ; en revanche, tout comme une minorité silencieuse qui n'ose prendre la parole, mon cerveau craint d'avouer qu'il recèle des branchements inusuels que, moi, je divulgue : je suis « HSP », ce qui signifie « *highly sensitive person* ». Des scientifiques très sérieux se sont penchés sur cet hémisphère de certains cerveaux où loge l'intelligence émotionnelle, celle qui permet de ressentir les choses du cœur et de l'âme beaucoup mieux que les cartésiens. Dans ce recoin mystérieux de mon cerveau, il y a un coffre où s'empilent pêle-mêle la pensée paradoxale, l'incompétence en matière comptable, la surinterprétation des signes et des ambiances, la prémonition instinctive, l'inaptitude aux calculs tacticiens, l'impossibilité de masquer une émotion… Quand bien même je voudrais travestir une vérité, y compris pour de nobles motifs tels que nécessité humaine ou consolation, je serais immédiatement démasquée. La jungle du mensonge est une région trop complexe et fatigante pour moi.

En conséquence, j'agis et je réagis de façon assez primitive. L'instinct animal m'est familier. On prétend que les éléphants et les chiens errants de Phuket ont fui avant les hommes en pressentant la survenance du tsunami ; l'HSP que je suis le croit sans discussion. Mais aurais-je couru avec les chiens et les éléphants ? Comment en être assurée ? Je sais pourtant ce qu'est l'instinct de survie, il m'a portée durant vingt mois – rien à voir avec le courage. Du reste, je me montre encore bêtement agacée quand on me dit qu'« il fallait bien du courage et de la force pour supporter tout ça ».

3. Courage

J'ai appris que le courage
n'est pas l'absence de peur,
mais la capacité de la vaincre.

Nelson Mandela

Nietzsche, que je n'ai pas lu et ne lirai sans doute jamais, m'est pourtant familier pour entendre à tout bout de champ sa fameuse sentence :

Ce qui ne me tue pas me rend plus fort.

Ce mythe du surhomme trompe-la-mort descendu tout droit de son Olympe a pour moi quelque chose d'infantile et d'horripilant – « nan ! même pas peur !! ». Ce genre de commandement à la sauce nietzschéenne ne m'a jamais traversé l'esprit au cœur de la tourmente. Seules la peur et la folle espérance s'y reniflaient, autant qu'elles se neutralisaient dans le même huis clos. La force et le courage sont un luxe vaguement philosophique, que je n'avais pas. C'était probablement une sensation identique que les résistants devaient éprouver dans le silence menaçant du maquis. J'avais peur – oh ! que oui ! –, mais c'était l'instinct animal de survie qui me portait, voilà tout.

Autre maxime au hit-parade des citations :

Chaque homme a deux vies ; la seconde commence quand il s'aperçoit qu'il n'en a qu'une.

Ni plus ni moins que Nietzsche je n'ai lu Confucius. Bien que rabâchée çà et là par les occupants de la médiasphère, cette pensée du grand maître chinois m'inspire bien plus que la sentence du professeur prussien.

Je ressens sans restriction les effets de la césure qui est intervenue dans mon existence un jour de 2013 ; ébauchée dans l'insouciance et la candeur, ma vie ne connaissait pas l'urgence. Elle s'est débarrassée de sa première peau en 2015 pour commencer pleinement.

4. Rencontres

Il n'y a pas de hasard,
il n'y a que des rendez-vous.

Paul Éluard

Morgane[1] et Corentin[2] font partie de mes belles rencontres. J'avais auparavant collaboré avec eux en tant que styliste free-lance. Je venais de démissionner d'une jeune maison de couture. Quinze jours avant ce funeste 2 avril 2013, j'avais en poche une promesse d'embauche à la rentrée de septembre, en vue de travailler pour eux et avec eux au service de la marque qui allait devenir Sézane[3] que Morgane avait créée. La start-up était en pleine ébullition ; elle est devenue une formidable entreprise internationale, véritable ruche où foisonnent esprit pionnier, marketing innovant et sens aigu du client. À la sortie de ma première opération, je leur dis ma détresse et mon incapacité à pouvoir les rejoindre et à retravailler avant longtemps. Mieux que tous les longs discours artificiellement apitoyés que certains auraient servis pour la circonstance, ils me témoignèrent leur soutien : « Tu te soignes, tu prends soin de toi tout le temps nécessaire, tu guéris et tu reviens, on t'attendra. »

Aujourd'hui, 1er octobre 2014, ils joignent le geste à la parole, véritable éthique d'action que pratiquent les nouveaux entrepreneurs. Ils ont mieux compris que d'autres que le bon vieux facteur humain est au cœur de tout. C'est même le moteur central de la mécanique subtile qui engendre la croissance et les profits, les vrais, ceux qui ont du sens et qui rapportent équitablement à tous, salariés, dirigeants, actionnaires, investisseurs, clients, fournisseurs, environnement citoyen… à tous, dans la même spirale vertueuse… Sinon, à quoi bon ?

Je retrouve la ruche de Morgane avec émerveillement et pas mal d'appréhension aussi. C'est comme une rentrée des classes, qui pour la première fois de ma vie serait joyeuse.

Je ne suis pas certaine, en effet, d'avoir gardé un bon souvenir de l'école. La reprise de septembre me rendait maussade ; petite, je pleurais beaucoup, puis la méchante humeur succédait aux larmes. On avait beau me promettre de nouvelles rencontres, multipliant les chances d'être invitée aux goûters du samedi ou aux anniversaires avec le prestidigitateur de service, rien n'y faisait. Je voyais la rentrée des classes comme un enfermement aggravé par l'obligation d'être ponctuelle et l'arme au pied cinq jours par semaine à 8 h 30 pile. Je ne jette pas la pierre à ma mère accompagnatrice, les torts sont à partager concernant mes retards chroniques, mais c'est moi seule qui essuyais la honte.

Combien de fois ai-je vu la maîtresse refermer ostensiblement sous mon nez la porte de sa caserne, parce que les cinq minutes de délai de grâce venaient d'être dépassées. Pire, la sentence était assortie d'une humiliation supplémentaire, puisqu'il me fallait poireauter debout dans le couloir en attendant la première récré du matin avant de retrouver le groupe des élèves doués de ponctualité.

Souvent, je partageais cette honte avec les mêmes insoumis du retard, trois ou quatre, guère plus, y compris un frère et une sœur, enfants adoptifs d'un acteur célèbre. Je ne tirais aucune gloire d'appartenir au clan des artistes. Rien n'atteignait mes deux camarades d'infortune, pétillants de malice et imperméables aux punitions. Ils avaient découvert la vie dans l'orphelinat d'un pays de l'Est, alors désormais, tout ce qui pouvait arriver à ces êtres inséparables, au sein d'un milieu protégé, n'était qu'émerveillement.

Pour ma part, mon quotidien était obscurci à l'idée que je sois prise en faute tous les matins ou presque. Les choses ne se sont pas arrangées avec l'âge. C'est un tourment permanent, au carrefour de la culpabilité et du handicap constitutionnel.

Le règlement martial de mon institutrice était sûrement fondé sur les meilleures intentions, avec sa conviction vieille école qu'une petite fessée symbolique ne ferait pas de mal pour apprendre à vivre en société... Pas avec moi ! Il ne me reste que le souvenir amer de ces misérables humiliations... et je suis toujours en retard.

J'entends bien régler le problème autrement, par mes propres moyens. Éviter l'agacement et la contrariété de ceux qui m'aiment est la plus puissante des motivations. Je vais y arriver, il le faut.

Je respecte sans peine cette résolution en retrouvant le bureau-atelier pour la première fois depuis mon interlude, à la même heure que mes collègues ; à vrai dire, dans les métiers de la mode, l'horaire d'usage pour commencer la journée tourne autour de 9 h 30 – rien d'insurmontable.

Les anciennes m'accueillent avec une vraie gentillesse, simplement, sans me presser de questions et, surtout, sans la moindre cérémonie avec ces ballons rituels qu'on gonfle en toute occasion heureuse au sein de cette seconde famille que sont les collègues de bureau. Elles ont spontanément compris que j'aspire à me fondre de nouveau dans l'équipe et le quotidien, comme si rien ne m'avait affectée pendant ces satanés vingt mois. Je note juste que la société a pris sur elle d'acheter un fauteuil ergonomique pour me permettre de dessiner et de travailler sans fatigue. « Objets inanimés, avez-vous donc une âme ?... » Évidemment !...

Cette attention discrète donne à cet objet fonctionnel une véritable belle âme ; je suis tellement attentive à ces petits riens.

Des têtes inconnues se présentent à moi ; la maison a beaucoup embauché depuis un an et demi. C'est motivant de réintégrer son poste sur un bateau porté par les bons vents, au milieu d'une mer économique assez plate en cette fin 2014.

Mon puzzle prend doucement forme, je dessine des vêtements et des accessoires, je flaire les tendances, je m'inspire, j'argumente, j'arpente le salon de Villepinte et le marché Saint-Pierre, je rencontre des artisans, des fournisseurs, des fabricants. Tout cet écosystème débridé me plaît. La mode n'est pas uniquement futile. Dans ma chambre de soins intensifs, j'avais tellement prié un dieu connu de moi seule pour en réchapper ! Aujourd'hui, pouvoir respirer de nouveau cet air si vif est une bénédiction. J'y suis.

5. « Je suis Charlie »

Venus de tous les continents,
croyants et non-croyants, nous appartenons
[...] à la communauté des hommes.
Nous devons être vigilants, et la défendre
non seulement contre les forces de la nature
qui la menacent, mais encore davantage
contre la folie des hommes.

Simone Veil

« Bonne année… » : le suspense ne dure jamais. Près de 99 % des prévisionnistes du Nouvel An ajoutent, toujours, « … et la santé surtout ! ». En ce début 2015, ceux qui me débitèrent machinalement ce fameux leitmotiv étaient les mêmes prévisionnistes inconséquents qui me prédirent en janvier 2013 : « Bonne année… et bonne santé, surtout ! » Au Far West, on badigeonnait tricheurs et bonimenteurs de goudron et de plumes. C'est une sentence que je trouverais bien adaptée à ceux qui persistent à me dire « … et la santé surtout ! » à chaque 1er janvier, depuis 2013. Leur rituel est aussi sensé et efficace qu'une gousse d'ail pour chasser le diable.

Pire, en ce millésime 2015, que je voulais tellement beau, il n'a pas fallu attendre longtemps pour que les vœux d'année radieuse soient balayés par le *blast* d'un choc épouvantable.

Le 7 janvier ! « Je suis Charlie. » Je n'avais jamais lu *Charlie Hebdo* – pas mon style, pas ma génération –, mais j'ai pleuré de rage en apprenant qu'une escouade de types de mon âge avait laissé proliférer la pulsion de haine et de mort dans leurs cerveaux malades, au point de tuer des dessinateurs, des gardiens de la paix, les clients d'un Hyper Cacher, parce que juifs, encore et toujours, comme une rengaine immonde et insensée que l'histoire n'arriverait pas à faire taire.

Alors, le week-end qui a suivi ce *blast*, j'ai marché à perdre haleine au milieu de la marée humaine qui avait spontanément convergé vers la place de la République.

Sur l'espace, la foule compacte frémissait, offrant l'image de ces champs de blé qui ondoient de façon aléatoire sous le souffle du vent. Une grande puissance se dégageait de cette multitude sidérée. Pourtant, des commentateurs, toujours grinçants quoi qu'on fasse, la qualifièrent de « démonstration bobo ». Mais enfin, nous n'étions pas là par hasard, par mimétisme grégaire, quand même ! Un profond dégoût collectif nous avait soulevé le cœur, sans autre forme de réflexion, voilà tout.

Puis mon petit groupe a voulu marcher jusqu'à la porte de Vincennes, sur les lieux de l'Hyper Cacher. Le boulevard Voltaire était fermé à toute déambulation, parce que réservé à l'autre manifestation du refus, plus formelle et solidement encadrée par des services de sécurité en alerte maximale, celle des quelques puissants du monde politique venus faire acte de solidarité avec nos dirigeants contre ce terrorisme qui menace d'empoisonner la planète. J'étais déçue qu'Obama ne fût pas présent – je possède la double nationalité, franco-américaine – alors que des personnalités moins démocrates que lui figuraient à ce casting.

Pour une fois, il semblait difficile de reprocher à ces puissants, serrés les uns contre les autres sur ce coin de boulevard, d'être les récupérateurs ou les instigateurs d'un événement qui les dépassait. Pour une fois, en ce beau et triste dimanche, nous nous sentions unis « *to take arms against a sea of trouble*[a] », comme Hamlet dans son fameux monologue « *To be or not to be*[b] ». Être, en être, vivre, voilà ce que je voulais.

a. Prendre les armes contre une mer de troubles.

b. Être ou ne pas être.

Tous unis ? Vraiment ? Hélas ! non. Dans mon petit groupe de marcheurs, il y a Lou. Nous nous connaissons depuis la petite école de notre quartier. Pourtant, peu de temps après le bac, nous nous sommes éloignées, brouillées peut-être, pour des raisons que ni elle ni moi ne serions capables de verbaliser avec certitude aujourd'hui. Apprenant que le K m'avait méchamment mordue, Lou a repris contact avec moi, sans calcul ni obligation d'inventaire des choses révolues. J'ai essuyé une larme de bonheur en la retrouvant, cette année-là.

Lou est à présent une jeune avocate engagée, installée récemment à son compte. En marchant, elle me rapporte une réalité bien terrifiante. Commise souvent d'office aux parloirs des prisons, elle m'enlève mes belles illusions. Elle me dit qu'elle était de vacation à Fleury-Mérogis dans l'après-midi du 7. Ce fut salve de cris de joie au soutien des assassins, parmi lesquels les Kouachi, passés il y a peu par cette prison – ce n'est pas un hasard. Leur cavale sans issue s'est achevée sous la mitraille, deux jours après. Certaines de nos banlieues montrèrent peu d'enthousiasme à « être Charlie » en ce même dimanche. Je suis en colère et triste. Comment a-t-on pu en arriver là ?

… Et nous n'étions qu'au début de cette funeste année 2015. Elle se termina pire qu'elle avait commencé. La bête affamée de haine et de mort avait encore faim. En novembre, l'hiver n'avait pas pris le pas sur l'été indien qui s'attardait. Les terrasses n'avaient pas encore allumé leurs chauffages extérieurs, c'est dire. Marqueurs saisonniers et sociologiques imparables, ces soleils artificiels sont destinés par grand froid aux fumeurs impénitents, autorisés à débattre du meilleur des mondes en terrasses chauffantes. Le reste du temps, en période d'extinction et de douceur, ce sont toutes nos peuplades qui investissent les lieux en masses cosmopolites. Les terrasses de café tiennent une place essentielle dans mon univers social !

Le soir du 13 novembre 2015, anniversaire d'un copain à la campagne, promesse de rigolades et d'affection, je ne suis pas à Paris. En ville, les vibrations sont bonnes, les mordus de foot se pressent au Stade de France pour un match sans enjeu, les Eagles of Death Metal vont embraser le Bataclan de leur rock rustique, les autres tribus urbaines vont faire couler à flots bières et mojitos, engloutir nems et pizzas, du Petit Cambodge à La Belle Équipe… Et puis… *Tacatacatac…* la bête et sa horde d'assassins en jogging font irruption afin d'anéantir ce qui nous lie symboliquement tous en ces lieux : l'hédonisme, le sport, la mixité joyeuse, rire de tout et de rien, taper des mains en chantant, croire en des dieux différents ou ne pas y croire, trinquer à des rêves d'existence simple ou grandiose, mais d'existence.

Nous savons cette vie imparfaite, nous ne sommes pas fous. Nous savons bien que le temps est venu de retisser les liens dénoués. Mais y aurait-il une faute lourde qu'il nous eût fallu expier ce soir-là pour que la bête et ses hommes de main se déchaînent ainsi, au comble de leur folie mortifère ? « Ils » recommenceront, Bruxelles, Nice… des armes de guerre, des bombes sales, des camions kamikazes… pour nous tuer tous, pas moins… Impossible, « ils » n'y arriveront pas.

Contrairement à certains, haut placés, qui avançaient qu'expliquer, c'était déjà commencer à justifier l'injustifiable, moi, je veux qu'on m'explicite et je veux comprendre. Autant me dire qu'il aurait fallu que je renonce à appréhender les choses et que je demeure les bras ballants face au K.

Mais rien n'est perdu.

6. Égalité, fraternité... Mbappé

Pour moi je n'ai connu
que dans le sport d'équipe,
au temps de ma jeunesse,
cette sensation puissante
d'espoir et de solidarité.
[...] *Vraiment, le peu de morale que je sais,*
je l'ai appris sur les terrains de football.

Albert Camus

… Bien sûr que rien n'est perdu ! Beaucoup de choses furent gagnées en ce fabuleux dimanche 15 juillet 2018, y compris la Coupe du monde de football, remportée par une meute de garçons hilares et pragmatiques, qui n'ont rien lâché jusqu'au podium.

Je ne connais pas grand-chose aux mystères techniques du football, mais j'ai tellement aimé cette immense vague de joie qui s'est levée après le dernier but de Kylian Mbappé, le *kid* surdoué de Bondy, pour nous emporter et nous éparpiller dans les rues.

La canicule de juillet commençait à peser lourd sur la ville ; pourtant, le lendemain, j'ai voulu marcher jusqu'aux Champs-Élysées afin de célébrer cette vaste messe païenne au passage du bus des héros.

Coincée avec mes compagnons comme anchois et sardines dans la même boîte portée à ébullition, à la jonction de la rue Marbeuf et des Champs, derrière le voile des fumigènes, il ne fut pas question d'apercevoir les champions sur leur plate-forme. Du reste, la vitesse à laquelle ils passèrent déclencha frustration et polémique. Pour moi, il fut simplement question de vibrer à l'unisson, et j'ai vibré et crié.

Je crains la foule, ses humeurs, sa versatilité, sa puissance qui peut devenir imbécile… Le scénario d'une bombe aveugle ou d'un possédé armé d'un cutter me traversa bien l'esprit, comme il dut se présenter à celui de beaucoup d'anchois et de sardines trépignant dans le périmètre de l'événement du jour. Mais moi, HSP, je n'y ai finalement pas cru. Dans un raisonnement fugace, c'est-à-dire une caricature de déduction, j'ai eu le sentiment que l'illuminé au cutter qui se hasarderait ici, en ce jour de grâce, à faire du mal à anchois ou sardines serait lynché sur place. Et puis, je gage que la police avait dû disposer une armée invisible sur les toits, sur les terrasses, dans les arbres ou parmi nous, que sais-je ? Cette petite divagation paranoïaque fut vite emportée par la ferveur collective et aussi par ma joie intérieure à l'idée que les oublieux de janvier 2015, qui n'étaient pas « Charlie » avec moi place de la République, étaient assurément présents aujourd'hui, à crier autant que je m'y employais.

Les voies de la solidarité et de l'union sont impénétrables, aléatoires et fragiles. Mais quand elles s'offrent à nous, le temps n'est plus aux atermoiements ou aux inventaires. Marchons, marchons… on verra bien où cela nous mène… plus loin, en tout cas, que l'immobilisme et les préjugés.

Cette fois-ci, Obama fut avec nous. Deux jours plus tard, il nous salua depuis Johannesbourg, à l'occasion de la célébration du centième anniversaire de Mandela. Plus *swag* que jamais, il dit ces mots qui me rendirent fière d'être française et américaine à la fois :

> *Ce qui était vrai à l'époque [de Mandela, en 1964] l'est toujours aujourd'hui… On se voit dans l'autre, on partage des espoirs et des rêves communs. C'est une vérité incompatible avec toute forme de discrimination, fondée sur la race, la religion ou le sexe. Et c'est une vérité qui porte ses fruits de façon très pratique, puisqu'elle permet à une société de profiter de l'énergie et des qualités de tous ces gens-là. Regardez l'équipe de France de football qui vient de remporter la Coupe du monde. Ces mecs ne ressemblent pas tous, selon moi, à des Gaulois, mais ils sont français. Ils sont français.*

7. Oser

Tout est possible à qui rêve, ose,
travaille et n'abandonne jamais.

Xavier Dolan

En ce début 2015, plein de bruit et de fureur, mon horloge psychique souffre d'arythmie. Un jour, je suis euphorique ; le lendemain, neurasthénique. Je suis tout simplement impatiente de réclamer mon dû, plus les intérêts de retard, au destin qui m'a joué un sale tour.

Aller au travail tous les matins ne me comble pas, même si ce métier est gratifiant à tout point de vue, y compris et surtout sur le plan humain. J'ai besoin de me savoir reliée au groupe et, dans le même temps, j'ai du mal à en accepter les normes routinières. Je ne suis pas à une contradiction près.

Morgane et Corentin perçoivent et comprennent mon état et, une fois de plus, vont me soutenir : « Et si tu créais ta boîte, Charlotte, tu te sentirais complètement investie dans un truc, ton truc, du sol au plafond. Tu verras, comme nous, pas le temps de gamberger ! »

Oui, c'est exactement ça ! Je veux ressentir l'urgence, donner du sens à tout ce que je fais, être utile.

> *À quoi sert une chanson si elle est désarmée ? »,*
> *Me disaient des Chiliens, bras ouverts, poings serrés.*
> *[…]*
> *Je veux être utile, à vivre et à rêver.*
> *[…]*
> *Je veux être utile à ceux qui m'ont aimé,*
> *À ceux qui m'aimeront, et à ceux qui m'aimaient.*

Au moins deux fois, deux fois de trop, cette chanson de Julien Clerc m'a bouleversée. Il l'interpréta quelques jours après « Charlie ». Il la reprendra le 15 octobre 2016 à Nice, quelques mois après l'immonde carnage de la promenade des Anglais. Impérieux pouvoir de la poésie, comme le cri d'un cœur ardent qui s'obstine à étouffer le mal. Oui, je veux être utile, moi aussi, à ma façon.

J'ai un projet chevillé au cœur.

J'ai gommé les souvenirs de souffrance sans faire d'effort psychanalytique particulier. Ce n'est pas du déni, c'est du tri sélectif. Tout pour la vie, rien que la vie.

Je garde cependant des évocations fragmentaires d'échappées belles pendant les séances de chimio collectives. Des bouts de dialogues se nouaient entre nous – les patientes, surtout, les patients étaient plus pudiques. Nous échangions astuces et bons tuyaux pour améliorer notre triste quotidien, des trucs aussi futiles qu'utiles, entre recettes de grand-mère et médecines parallèles. Le constat était partagé : notre médecine a atteint un niveau formidable sur le plan du dépistage, du diagnostic et des traitements, mais le patient est livré à lui-même pour gérer ce biorythme si particulier qu'est la lutte individuelle et intime contre le K. Estime de soi, beauté et dignité sont les sacrifiées de cette guerre. Moi, j'ai refusé d'y renoncer.

Vers mes six ans, ma grand-mère bien-aimée m'a offert un livre racontant la mythologie grecque. Plein de couleurs et de dessins, papiers collés en relief, un vrai petit théâtre, et, plus que tout, une réserve inépuisable d'histoires merveilleuses et terrifiantes, propres à envoyer *Game of Thrones* au monde des effets spéciaux préfabriqués.

Je me souviens de Narcisse se contemplant dans une fontaine. Le pauvre, il est aujourd'hui catalogué poseur égocentrique par le commun des mortels. Mon livre racontait autre chose, je crois bien. En fait, Narcisse est malheureux, à la recherche de sa véritable image, celle qu'il a perdue. Je comprends ce Narcisse-là, scrutant son miroir d'eau qui forcément se trouble quand il le touche, puisque ce n'est que de l'eau. Il veut y retrouver une image de lui gratifiante et aimable à offrir au regard des autres. Il y a découvert, non pas le narcissisme, mais l'estime de soi, comme une politesse et un partage.

Pendant l'épreuve et ce matin, encore et toujours, j'ai pris soin de moi devant la glace. J'ai mis au moins une demi-heure à me maquiller, à me coiffer et à décider quel chemisier boutonner, dans le seul but de vous offrir un miroir où vous aurez plaisir à vous regarder si nous nous croisons, furtivement et cependant assez pour trouver la vie belle, en dépit du métro bondé et de la pluie qui tombe, parce que, moi, d'où je viens, je n'ai rien lâché, obstinée à être digne et jolie d'une façon ou d'une autre… sans aucun narcissisme.

À l'issue de ce marathon, j'ai ouvert un blog. Occuper le temps et l'espace en poursuivant le lien avec ma communauté de circonstance était une évidence, une sorte d'impératif moral et une soif de revanche sur ce K qui m'a volé mon rêve et deux années de vie.

Ce blog est vite devenu la petite place d'un village où, chaque mercredi et vendredi, plein de voisins et de voisines apportaient leur histoire, pour s'orienter vers un partage d'expériences vécues, frémissantes. J'en suis fière, mais un peu dépassée par les événements. Je n'ai pas l'étoffe d'un porte-drapeau ou, plus exactement, je me sens désespérément impuissante face à la détresse des malades. Moi, ce que j'aime et ce qui m'anime en profondeur, davantage que la compassion, c'est d'être utile aux autres – je me répète –, trouver des solutions concrètes et transformer la réalité si elle est insupportable. J'ai beau avoir commencé ma vie comme princesse au petit pois, fille unique, il ne faut pas remonter loin dans mon arbre généalogique pour y rencontrer de solides provinciaux humbles et durs au mal. Il en reste forcément quelque chose dans mon caractère et c'est heureux.

Alors, l'idée de transformer le blog en entreprise a commencé à germer, en réalité dès l'annonce de ma rémission, je crois bien. Mais je me sens comme assise derrière le volant d'une petite auto qui veut rouler vite, tous phares éteints, dans le brouillard.

L'histoire dit que Christophe Colomb a découvert par hasard autre chose que ce qu'il était parti chercher. Cette façon de dénicher une pépite sans le faire exprès porte un nom : sérendipité. J'aime ce mot depuis la toute première fois où je l'ai entendu sans en comprendre du tout la signification. À l'oreille, j'imaginais une mixture entre *sérénité* et *dépité*. Mieux valait se renseigner. Or, mon imagination ne m'avait pas portée loin de son vrai sens. Quand une zone de confort, pétrie d'habitudes et de sérénité, vient à être inopinément troublée, une chose extraordinaire peut en naître, de façon irrationnelle et inattendue. Cette transformation quasi alchimique se nomme « sérendipité ».

Les Californiens de la Silicon Valley ont fait de la *serendipity* leur marque de fabrique. Presque toutes leurs percées conceptuelles, innovations, *success stories* contiennent une grande part de hasard et de culot ou bien proviennent d'un rebond après un échec, et ont conquis le monde. OK ! Mais le cas d'école de la sérendipité est… la tarte Tatin.

Un bon siècle, en effet, avant *Top Chef* ou les Californiens, voilà que les sœurs Tatin se mirent à louper une tarte aux pommes. Coup de fatigue, étourderie, routine qui amène à baisser la garde, impatience des clients dans leur gargote, comment savoir ? Toujours est-il que la tarte fut enfournée avec les seuls fruits. Une des demoiselles se mit, dans l'urgence, à recouvrir de pâte les pommes qui commençaient à caraméliser. Sortit du four un délice sens dessus dessous, devenu icône.

Oser transformer une épouvantable épreuve en quelque chose de beau, faire d'un « coup de bol » une entreprise, créativité née de l'accident impensable entre deux droites parallèles qui, d'un coup, sans crier gare, décrochent et se croisent… Sérendipité ! Voilà bien un concept fait pour moi.

8. Entreprendre

La vie est trop courte pour la passer à regretter tout ce qu'on n'a pas eu le courage de tenter.

Marie-Claude Bussières-Tremblay

C'est pourtant simple. Je veux créer une entreprise qui fera du bien. Je veux mettre de la beauté, du bien-être, des astuces, tous les produits qui m'ont apaisée quand j'étais malade, dans de jolies petites boîtes que je vendrai en ligne aux malades et à leurs proches, à un prix nettement plus bas que la somme des articles nécessaires achetés au détail. Et puis je veux dessiner une collection de vêtements et d'accessoires porteurs de messages forts. Je veux célébrer la vie qui s'obstine à être la vie, la résilience, l'engagement citoyen ; je veux emmener au bout du monde une équipe. Je veux fidéliser des clientes et des clients qui soient plus que cela, des compagnons d'atelier en quête, eux aussi, de sens et d'utilité... Je veux tout ça et, à la fin du jour, une partie de mes profits sera reversée à la recherche contre la maladie.

L'aspect éthique m'obsède. Est-il juste de vendre du bien-être à des malades, mes anciens compagnons de lutte ? Une association ne prêterait pas le flanc à cette question. Mais comment procéderait cette dernière, concrètement ? Elle chercherait des fonds pour faire de l'animation et de l'entrisme – en vue de quel effet salutaire et mesurable au bout du compte ? Je suis perplexe.

Un jour, lors d'une manifestation d'un de ces organismes, précisément, je rencontre un homme affable, un financier sans nul doute, puisque je ne comprends pas tous les mots techniques qui persillent ses phrases. L'homme a néanmoins des convictions et, à propos d'éthique, il me dit :

« Connaissez-vous l'histoire, véridique, de la piscine du pape ? »

Non, je ne la connais pas.

Il me raconte que, un jour, Jean-Paul II, qui fut un grand sportif dans sa jeunesse, en Pologne, décida de faire construire une piscine dans la résidence d'été du Vatican. Les commentateurs pudibonds et les hypocrites par vocation montèrent au créneau pour polémiquer, s'étonnant que le descendant de saint Pierre soit un hédoniste en maillot de bain, probablement entouré de naïades. Les valeurs morales du catholicisme leur paraissaient en grand danger. Ils apostrophèrent le souverain pontife :

« Très Saint Père, mais pourquoi une piscine ? », avec tous les sous-entendus possibles.

Réponse du pape, nullement embarrassé :

« Parce que j'aime nager… »

Fin de l'anecdote et de la controverse.

On n'a pas à se justifier de l'évidence quand on est sincère et transparent. Je m'y attache en toute circonstance. Toutefois, je n'ai toujours pas d'argent pour lancer mon projet.

Max et Mika ne sont pas trapézistes au Cirque du Soleil, mais deux potes bienveillants, bardés de diplômes en finance et en droit. Ils m'assurent :

« OK, Charlotte, on va t'aider. On va monter un "business plan" et tu vas aller "pitcher" les "business angels". »

Ouh ! là, là ! J'ai des vapeurs, à part le mot *angels* qui me plaît bien, je ne capte rien de leur jargon.

Face à ma mine déconfite, ils me livrent la traduction :

« On va mettre sur une feuille de papier tous les chiffres dont un investisseur aura besoin pour te prêter de l'argent. Mais il faudra aussi le convaincre avec une vision de l'avenir qui inspire confiance.

— Merci, les gars. Ça, je le comprends. Pourquoi ne pas dire les choses sans votre charabia ? »

Mes deux crèmes d'amis me sentent en panique et un peu vexée de ne pas être sur leur longueur d'onde. Alors, Max vole à mon secours avec toute sa gentillesse :

« Connais-tu la fable du petit cochon et de la petite poule ? »

Je n'en ai jamais entendu parler et j'imagine bien que ce n'est pas du La Fontaine.

Il était une fois un petit cochon qui rentrait à la ferme avec plein de fierté dans ses yeux menus. Il venait d'obtenir le diplôme d'une école de commerce prestigieuse.

En chemin, il s'arrêta pour saluer sa copine la petite poule, qu'il n'avait jamais revue pendant ses brillantes études :

« Bonjour, ma poule, ça va, toi ? s'enquiert Petit Cochon en quête de compliments mérités.

— Ouais, ça va, le train-train de la ferme, tu sais… Mais ta mère dit que tu vas faire de grandes choses avec ton diplôme », rapporte Petite Poule, ingénue.

Petit Cochon n'attendait que cette introduction pour se mettre en avant.

« Tu vois, Petite Poule, maintenant, je vais me lancer dans les affaires, je vais faire des joint-ventures ! », qu'il prononce « joïn't vin'tcheurze » pour sonner plus américain de la finance.

« Késéksa ? demande Petite Poule en faisant semblant de s'y intéresser.

— Fastoche, ma poule ! Tu vois, c'est comme une boîte dans laquelle deux associés apporteraient chacun un truc précieux. Ils s'entendraient pour bien secouer la boîte, ensemble, et puis ils en sortiraient un truc encore plus grand et précieux qu'ils vendraient pour se faire un max de blé.

— Le blé ? De l'argent, tu veux dire, Petit Cochon, pas le truc de notre meunier ?

— Ouais, c'est ça. Et j'ai plein d'idées… »

À ces mots, Petite Poule prit de l'assurance :

« Je crois que j'ai compris ton histoire de boîte magique qui fait du blé. J'ai une idée et un projet qu'on pourrait partager.

— Super, ma poule, dis-moi tout.

— Voilà : toi et moi, on va monter une joint-venture machin chose, comme tu dis. On va monter une fabrique d'omelettes au jambon qu'on vendra sur les marchés. Chacun de nous va apporter dans la boîte magique un truc bien à soi pour en tirer un max de profits. Moi, j'apporterai les œufs, et toi… le jambon…

— Mais c'est top ! On commence quand, ma poule ? J'ai hâte !

— Demain matin, viens, j'aurai les œufs. Et n'oublie pas ton jambon, Petit Cochon… »

Grâce à Max et à Mika, de vrais trapézistes finalement, je regarderai avec plus de décontraction les gens de la finance partis pour m'enfumer. Le projet est construit, le business plan a belle allure… et reste pour l'instant sans financement – pas une raison suffisante pour ne pas lancer l'affaire.

Il paraît que les gourous de l'économie appellent « prophétie autoréalisatrice » cette façon avec laquelle ils énoncent des faits improbables qui, à force d'être rabâchés, s'insinuent dans nos cerveaux disponibles et crédules, au point d'être transformés en possibles. Ils croient avoir inventé un concept scientifique ! Pas du tout, des choses aussi irrationnelles ne peuvent naître que d'un cerveau HSP.

Ma boîte est pure prophétie autoréalisatrice. Je dois la créer et, par le fait même, je serai tendue vers sa construction avec des effets d'entraînement qui rendront, jour après jour, le projet légitime et irréversible. Le financement viendra nécessairement, c'est une question de conviction « autoréalisatrice ».

On dit que les entrepreneurs sont monomaniaques, c'est-à-dire pénibles pour leur entourage. Naturellement, j'étais persuadée que ces traits ne pouvaient être les miens, moi, la flâneuse, retardataire constitutionnelle et capable d'autodérision. Eh bien ! Non… le virus de l'entreprise m'a été inoculé et j'admets que j'ai pu être pesante pour ceux qui m'aiment, pendant la gestation du projet. Le serai-je après son envol ? Je promets d'être vigilante.

Allô ? Ici la tour de contrôle : parez au décollage !

9. Le Kbis

Si tout vous semble sous contrôle,
c'est juste que vous n'allez pas assez vite.

Mario Andretti, pilote de F1

Il ne s'agit pas, horreur et malédiction, d'une duplication du K !

Le Kbis est le feuillet qui constate l'acte de naissance d'une société au greffe du tribunal de commerce.

Je suis dans les starting-blocks pour créer ma société. Mon niveau d'adrénaline est élevé, celui des formalités à accomplir, aussi. Tous les potes entrepreneurs supporters m'ont dressé la *to-do list*.

« Tu verras, on s'en fait un monde, mais c'est facile avec un peu de patience et de méthode... » Je ne me bloque pas sur les termes *patience* et *méthode* qui, en temps normal, m'auraient fait ressembler à une poule qui viendrait de trouver un cure-dents. La vague qui me porte est bleue, chargée d'iode et d'énergie. Mes amis m'ont mâché le travail juridique. Ma plus-value est la rédaction de l'« objet » et le « nom » de la société dans ses statuts.

J'y ai passé une partie de la nuit, pesant chaque mot, projetant le sens de chaque terme qui doit de façon évidente épouser mon ambition, propulser le projet et son envol. Un copain tenté par le bouddhisme m'explique que mon état lui évoque un *satori*, moment intense correspondant à l'éveil du Bouddha apprenant à marcher en marchant et puis s'envolant vers les régions de la compréhension... Lui ! Bouddhiste ? Il a sans aucun doute découvert les voies tantriques en fréquentant assidûment, à sa grande époque, le Buddha-Bar de la rue Boissy-d'Anglas, c'est le plus plausible.

J'ai écrit :

> *La société a pour objet, en France et dans tous pays : l'achat et la vente de tout produit manufacturé ; la vente et la commercialisation via différents canaux de distribution (y compris Internet et points de vente) ; l'activité de conseil lié à ces activités, dédiées notamment à l'amélioration des conditions de vie face au cancer, ainsi qu'au domaine de la mode et du design.*

Le nom de la société sera « Mister K Fighting Kit ». Pour certains, trop long, trop énigmatique, trop anglais aussi…

Ce dernier reproche m'a déjà été fait, de façon bienveillante, sur mon blog, à propos de mes mantras « *Never give up* », « *Together stronger* », « *Dream big* », « *Hope* »[a]…

Je n'ai pas voulu savoir si mes gentils contradicteurs étaient animés de pulsions nationalistes, ce débat n'est pas le mien. Je n'ai pas voulu non plus me retrancher derrière ma double nationalité, parce que, en toute sincérité, je suis beaucoup plus façonnée française qu'américaine. Par le fait même, je parle un anglais usuel, sans plus. Non, le débat se tient ailleurs.

Par-delà les frontières et les cloisons, les idées et les images circulent à la vitesse d'un clic numérique ou bien des avions destinés au tourisme de masse. Toute singularité culturelle, aussi belle et puissante soit-elle, va s'étioler si seuls quelques irréductibles se dressent, anxieux, pour la défendre, dans un langage qu'eux seuls possèdent. Comprendre l'autre et sa différence, faire aimer la sienne, voilà bien l'enjeu. Et pour ce faire, l'anglais est devenu une sorte de logiciel de compréhension pratique, ni plus ni moins. Je ne crois pas un seul

---

a. « N'abandonne jamais », « Ensemble, plus forts », « Rêvez en grand », « Espoir ».

instant que les langues française, arabe, espagnole, encore moins le mandarin ou le japonais, s'effacent devant lui. On pourrait même se demander si celui ou celle qui ne parle qu'anglais ne rate pas une chance de s'ouvrir aux autres, dans le confort illusoire de ne pratiquer que sa langue. Bref, je ne renie en rien mon français en appelant ma société « Mister K Fighting Kit ». Admettez que c'est plus percutant que « Trousse de combat contre M. le Cancer » ! Ce nom est venu spontanément en moi, sans calcul, et je ne veux pas travestir mon intention originelle. C'est un tout qui recouvre ma singularité, tant de souffrances enfouies et d'espérance à la fois. Pour la sémantique et le marketing, on verra plus tard. L'heure est au décollage sur le tarmac.

Formulaires, ouverture d'un compte bancaire, 1 000 euros de capital, mon budget vacances aux oubliettes, statuts... rien ne manque, aux dires de mes initiés.

Sous un beau soleil pâle de mai, je marche le long des quais de Seine avec mon dossier dans un sac dont débordent mes outils de première nécessité, crèmes de jour, brosse à cheveux, smartphone, ordi, courrier en attente, gri-gri... L'air est frais et le tribunal de commerce loge quai de la Corse, dans l'île de la Cité. La Sainte-Chapelle est sa voisine. Ma quête de correspondances symboliques entre les choses – réflexe irraisonné de toute HSP –, beauté, île, île de Beauté, élévation spirituelle, pleins d'autres, tout cela restera à la porte du greffe, qui est monumentale et en impose.

Me voici dans l'antre juridique des entrepreneurs et des commerçants, qui entrent et sortent affairés, smartphone vissé à l'oreille. Queue, fouille du sac, portique, rayons X, mines sévères des vigiles. Je devrais me sentir gauche ou décontenancée. En fait, non, je me sens bien, avec le sentiment d'appartenance à cet écosystème qui bouge comme j'en rêvais. Il y a toujours un Jiminy Cricket dans ma tête pour me rappeler que toutes les choses abrasives du quotidien sont tellement plus douces qu'une chambre de soins intensifs à Pompidou.

Mais je n'avais pas encore fait face à la greffière ! Ticket pour prendre mon tour, attente… Ces désagréments font partie du rite initiatique.

Juste avant moi, une femme élégante sans ostentation fait face à la greffière. J'entends qu'elle est d'origine sri lankaise et qu'elle a pour objectif de transférer le siège de son salon de coiffure du 95 à Paris XVIIIe. La pauvre était mal préparée à l'épreuve, il manquait je ne sais quels renseignement et formulaire. Elle est éconduite, sans agressivité certes, juste mécaniquement. Elle devra revenir et reviendra, je le devine, elle est forcément résiliente, elle aussi. Tandis qu'elle passe sous mes yeux, j'ai besoin de lui dire quelques mots de réconfort, comme si je pressentais que, dans les minutes qui allaient suivre, je me trouverai dans le même état d'hébétude. Nos regards se croisent furtivement, mais suffisamment pour faire naître une complicité de circonstance entre entrepreneures désorientées. Peut-être avais-je aussi envie qu'elle partage avec moi une étincelle, une raison de toujours trouver notre pays prometteur et gratifiant, en dépit de la colère qu'elle retient, pour quiconque entreprend et bouge, d'où qu'il vienne. Toutefois je n'ai pas le temps de poursuivre ma digression sur l'égalité des chances, je suis appelée au guichet.

Bonjour affable de Mme la greffière qui doit avoir déjà étudié le cas de plus de vingt administrés loin d'être tous séduisants et spontanément sympathiques, selon mon sondage visuel et panoramique de la salle. Je m'en veux d'avoir présupposé qu'elle serait revêche. Elle parcourt mon dossier en feuilletant prestement les formulaires. Le lynx des documentaires animaliers, dans la télé des insomniaques, a le même regard impavide. Tout va bien, jusqu'à ce que… « Mais, mademoiselle, je ne trouve pas le récépissé de votre annonce légale. » Le sol en linoléum s'enfonce sous mes Vans – c'est tellement absurde un sol en linoléum couleur anthracite défraîchie en cet endroit précis, au temps de la promotion de l'esprit d'entreprise. Je m'accroche au comptoir : « De quoi me parlez-vous, chère madame ? » Et d'un ton sans appel, même pas sec, juste à la jonction entre impatience et lassitude, elle me signale :

« Vous savez bien que je ne peux pas enregistrer votre société si vous n'avez pas d'abord payé votre annonce légale dans une gazette… »

Euh ! Non, je l'ignorais.

« Vous repasserez quand vous l'aurez fait, le reste a l'air d'aller. »

Ce qu'il y a de consolant dans l'affaire, c'est que ma greffière et son institution ne pratiquent pas la discrimination. Ma consœur sri lankaise et moi avons été traitées de manière strictement identique, sans la moindre stigmatisation ou arrogance ; nous devrons simplement « repasser » jusqu'à ce que toutes les cases soient correctement cochées.

Ce qu'il y a de rassurant dans l'affaire, c'est que ma greffière ne sécrète pas cette mauvaise bile, un composé de jouissance et de cruauté, à l'idée de dire non, bêtement et méchamment, comme certains qui trônent derrière leur guichet. Elle, son truc, c'est la méthode, afin de faire marcher droit le commerce. C'est respectable. Elle veut bien et peut le faire si, mais seulement si, son logiciel administratif est satisfait. Au demeurant, j'ai bien enregistré la fin encourageante de sa phrase : « Le reste a l'air d'aller. »

Ce n'est pas le moment d'argumenter avec ma greffière sur la grande et nécessaire simplification administrative, un des travaux d'Hercule voulu par la gouvernance actuelle du pays. Bon courage, messieurs !

Je tente l'appel à l'aide en toute humilité, avec le regard d'Anne Hathaway affrontant Meryl Streep dans *Le diable s'habille en Prada* :

« Aidez-moi, s'il vous plaît, je veux tout bien faire, c'est la première fois que je crée une société. »

Alors, je découvre que ma greffière est finalement une chic fille au milieu du magma :

« Y a un bureau d'annonces légales à deux pas d'ici, place Dauphine. Foncez-y et revenez, je prendrai votre dossier au retour… Je ferme à 17 heures. »

Dehors, pas le temps de m'évader de nouveau dans les limbes du ciel de mai, l'île de Beauté, les forces de l'esprit, la Seine qui nous entoure, etc. Je suis en marche commando avec tout mon barda. Je gagne l'officine en quatre minutes chrono.

Comment imaginer que dans ce « bel immeuble de caractère », pour parler comme un ami qui s'active dans l'immobilier, loge un des poumons de la création de sociétés à Paris ? Je sonne à la minuscule porte dans le hall du bâtiment, sûrement chargé d'histoire.

Dans une « soupente poutres apparentes », selon le même jargon immobilier, s'activent deux femmes derrière leur ordinateur, entourées d'armoires peut-être blindées, mais je n'en suis pas certaine. Bien mises, la cinquantaine, sans effort cosmétique pour le cacher, de bonnes vibrations.

« Bonjour, mademoiselle, vous n'avez pas rendez-vous et vous êtes essoufflée. À coup sûr, vous arrivez du tribunal et vous avez besoin d'une publicité pour créer une société, non ? Allez, prenez un verre d'eau, je vous écoute : nom, objet, capital, adresse du siège… Vous payez comment, chèque ou carte bancaire ? »

Pas de chichis, elles connaissent leur affaire et ont l'intelligence de situation, c'est parfait.

Toutefois, les deux collègues ne sont pas que rigolotes et efficaces, je note un tressaillement de ma rédactrice et de sa voisine au moment d'écrire l'objet de la société, dédiée « notamment à l'amélioration des conditions de vie face au cancer ». Leur curiosité est plus forte que tout :

« Mais qu'est-ce que vous allez faire exactement ? »

Je raconte mon projet, de façon aussi concise que possible. Moi, la verbeuse en temps normal, je trouve la bonne formule synthétique :

« Je suis absolument convaincue que nous avons besoin de beauté en toutes circonstances, y compris lors des pires épreuves. Et puis, si ça marche, je reverserai de l'argent à la recherche. »

Je lis dans leur regard un « Waouh ! C'est bien ce que vous faites ! », je me sens légitime et soulagée. Cependant, je n'ai pas envie de m'attarder pour faire causette, non pas parce que la greffière m'attend, mais parce que je redoute toujours, au moment où passe un ange, suspendu entre instant de grâce et réflexion plombante, que l'interlocutrice y aille de son expérience vécue en disant par exemple : « C'est comme moi, ma cousine en est morte l'an dernier… »

Dans la soupente de mes deux alchimistes de la publicité légale à visage humain, ce commentaire m'a été épargné. Je les adore toutes les deux.

« Allez, voici le texte de votre annonce et votre récépissé, filez au tribunal. »

Quatre minutes chrono à l'aller, je suis certaine d'avoir battu ce record personnel au retour. La greffière tint parole.

Le 1er juin 2015, ma société, Mister K Fighting Kit, fut créée, sous le numéro RCS 811 698 922. Alléluia !

On me dit que, dans mon autre pays, on peut créer, dans les États du Delaware ou du Nevada, une société en moins de quatre minutes par téléphone. Je devrais être impressionnée ? Je le suis un peu. Admirative ? Pas vraiment. J'ai aimé cette journée pendant laquelle des éclairs d'humanité et d'efficacité se sont coalisés pour traverser des couches épaisses de routine et des tas d'adhérences du passé. J'y repense souvent. Les méandres de mon cerveau, prompt à susciter toute correspondance entre les images, m'y ont encore fait songer dernièrement, alors que je regardais cette jolie pub pour les parfums Kenzo. Des coquelicots pleuvent sur la ville et la promeneuse chante « *What a way to win a war*[a] », de Tom McRae.

a. Quelle drôle de façon de gagner une guerre.

10. Catalepsie

Le succès, c'est tomber sept fois,
se relever huit.

Proverbe japonais

Jeux Olympiques de 1968, Mexico. Bob Beamon[4] est un athlète noir américain, autrement dit un homme pétri de résilience et de rage à la fois. L'une n'exclut pas l'autre, je sais de quoi je parle. Martin Luther King venait d'être assassiné, suivi de peu par Bobby Kennedy, héraut de l'Amérique blanche contre la ségrégation. La guerre au Viêtnam prenait un tour salement violent. Alors les Black Panthers se mirent à prôner la violence, sans compromis possible. Le peuple noir américain ressemblait à ces volcans de Hawaii dont on ne voit pas la lave en fusion couler sous l'océan Pacifique.

Notre Bob Beamon, sorti péniblement des qualifications au concours de saut en longueur, sa spécialité, se présenta nonchalamment à l'épreuve, face à des concurrents bardés de records. Les mauvaises langues rapportent qu'il était éméché la veille à cause de tracas sentimentaux, c'est à peu près certain ; d'autres avancent aussi qu'il avait consommé de ces champignons mexicains qui font planer, ce n'est pas démontré. Ce qui est certain, c'est que son corps et son mental avaient métabolisé la même rage que ses frères noirs. Alors ?… Allez voir sur YouTube comment Bob se mit en mouvement, relâché au début, puis terriblement déterminé au moment de prendre appui sur la planche… regardez attentivement, Bob littéralement décolla, sans mouliner des bras et des jambes comme ses concurrents. Bob plana, compact et aérodynamique… Il allait somme toute lui falloir retoucher terre, ce qu'il fit avec légèreté, dans le sable. D'autres s'affalent ou plongent après l'ultime impact ; Bob, lui, rebondit et allait continuer à sautiller, mécaniquement ou bien mû par une chose qui le dépassait, une sorte de prémonition partagée par tout un stade sidéré qui se tait.

Bob a atterri tellement loin dans le sautoir que les juges sont obligés de recourir à un décamètre à ruban rustique pour mesurer le saut. Car il n'est plus question de performance ou d'exploit, il est question d'un phénomène paranormal... On perçoit bien, à travers le silence recueilli du public, que les petits juges, incrédules, se concertent ou se pincent avant d'admettre et de confirmer sur le tableau d'affichage qu'ils n'avaient pas rêvé. Bob, lui, trottine toujours, un peu hébété, jusqu'à l'instant précis où le scepticisme rend les armes face au paranormal. Le tableau affiche : 8,90 mètres ! Dans une Olympie où les records tombent en grappillant un dixième de seconde par-ci ou quelques centimètres par-là, on parle ici de 55 centimètres de plus que le record précédent, c'est-à-dire un écart qui se compte en années-lumière.

Voilà pour la chronique sportive. Je n'ai fait que rapporter ce que les spécialistes et les férus de sport, parmi lesquels je ne figure pas, savent de cet instant homérique. Ce qui va suivre est moins connu et me touche infiniment plus.

Une immense clameur enfle dans le stade, mais Bob ne réagit pas, parce qu'il ne comprend pas ce qui vient d'être affiché. À l'université, les athlètes blancs l'ignoraient ostensiblement, de sorte qu'il n'avait pas été averti qu'en Olympie le système métrique était la norme. Le tumulte du stade le pousse à interroger un officiel, mieux disposé que ses condisciples blancs, pour convertir 8,90 mètres en yards, en pieds ou en pouces. Saisissez bien sur YouTube l'instant précis où Bob apprend la conversion. Vous voyez ces marionnettes qui s'animent sous le seul effet de ficelles accrochées à une baguette de bois, selon le bon vouloir du marionnettiste ? Si celui-ci décide de poser la baguette, la marionnette perd pied, perd vie et se plie, désarticulée, au sol. Voilà très exactement ce qui vient d'arriver à Bob. Il a lâché violemment prise dans un torrent de larmes, recroquevillé sur lui-même au sol. Des officiels tentent de le relever, sinon de le déplier, littéralement. Rien n'y fait. On peut très bien ne pas être raide mort, mais raide vivant !

Le phénomène se nomme « catalepsie ». Il se présente un moment, lorsque trop de souffrances, trop d'efforts, trop de rage et d'injustice, trop de… tout, saturent corps et mental. Alors, la structure qui nous fait tenir debout s'affaisse et se tétanise.

Je n'aurais jamais été championne dans la moindre discipline. Enfant, j'étais réfractaire à tout effort répétitif et à toute discipline imposée par le moniteur de service, monomaniaque de son sport. Par exemple, à six ans, ma première leçon de voile fut un pitoyable fiasco. Tandis que l'on m'avait embarquée, ou plutôt poussée, sur une de ces coquilles de noix en compagnie d'une autre navigatrice à nattes du même âge, les choses se présentaient mal. Tout d'abord, coquilles de noix attachées les unes aux autres, l'armada fut remorquée au large par un petit bateau à moteur. À son bord, M. Moniteur commençait à hurler ses instructions aux navigateurs en herbe, c'était son job saisonnier et c'était respectable. Les choses se sont vite dégradées lorsque ma conavigatrice à tresses se mit à relayer lesdites directives avec l'assurance et l'autorité que lui conféraient deux ou trois leçons de plus que moi. En voile, il y a toute une culture à respecter, avec ses termes d'initiés, que j'aurais dû faire l'effort d'assimiler. Mais l'embarcation devint le remake des *Révoltés du Bounty* lorsque capitaine Pimbêche osa lâcher : « T'es nulle ! J'te dis qu'y faut faire comme ça… T'y comprends rien ! » C'en était trop. Ni une ni deux… je me jetai par-dessus bord, sanglée dans mon gilet de sauvetage rouge-orangé, pour fuir tant de condescendance et d'abus d'autorité.

Les gardes-côtes, en la personne de M. Moniteur sur son petit bateau à moteur, me recueillirent prestement et foncèrent me déposer à terre. Mes parents devaient pressentir le drame, ils n'avaient pas quitté la plage, guettant de loin ce qui se tramait. L'histoire ne dit pas si les cours de voile furent remboursés – j'en doute –, toujours est-il que je n'y remis jamais les pieds.

Et pourtant, bien plus tard, il m'aura fallu accepter d'aller au bout d'un marathon, respecter une discipline de fer et franchir un Everest. Comme Bob, mon corps et mon mental ayant stocké tellement de souffrances et de colère, la descente de mon Everest fut trop rapide et frustrante à la fois. J'ai trop idéalisé 2015, les principes de réalité m'ont rappelée à l'ordre.

Non seulement j'allais au travail de plus en plus fatiguée, mais en prime, je créais parallèlement ma société, soutenue par Morgane, employeur et mentor à la fois. Boulimique de vie, je fuyais en avant, en partie minée par l'obligation routinière d'analyser et de contrôler les marqueurs de la maladie tous les trois mois. Le pire n'était pas la prise de sang ; à l'époque, mes avant-bras ressemblaient à ceux du junkie de *Trainspotting*. Non, le pire, c'était… l'enveloppe qui contenait les résultats. Allais-je l'ouvrir sur place en tremblant devant la fille du labo, qui me connaît bien et qui est pleine d'humanité, ou allais-je attendre de me caler au creux de mon canapé dix longues minutes plus tard avant d'en prendre connaissance ? Avec le temps, le canapé commençait à l'emporter sur la fille du labo. Voilà un autre marqueur significatif, mine de rien.

En ce beau printemps 2015, après le tremblement de terre « Charlie », mes marqueurs sont bons, je vais bien, ma société est créée, coquille pour l'instant vide, mais pleine de rêves et d'ambition, et… je m'écroule, comme Bob. L'imprévisible catalepsie vient à mon tour de me tomber dessus.

II. Méditerranée

Debout dans le vent léger, sous le soleil
qui nous chauffe un seul côté du visage,
nous regardons la lumière descendre du ciel,
la mer sans une ride.

Albert Camus

Juillet 2015, que d'épreuves après l'épreuve. Tous ceux qui m'aiment m'exhortent à faire un break, une sorte de congé sabbatique. Le moment est bien choisi, un bel été s'annonce.

De vraies vacances depuis si longtemps, antidote de toute catalepsie, s'organisent. Mon budget a été englouti par la mise en capital dans Mister K Fighting Kit. Ce sera frugal, qu'importe. Avec mes cicatrices sur l'abdomen, la question du maillot deux-pièces ne se pose pas encore, cela viendra sans doute un jour. La seule activité raisonnablement envisageable va être : contempler la mer depuis un transat, portant tee-shirt et écran total. Certains nomment cette activité « repos forcé ». Les oxymores sont à la mode, mais comment peut-on juxtaposer la force contraignante et le farniente qui évoque autant de rigolades que de rêveries sans entraves ? Je sens d'avance monter la frustration et ses conséquences sur mon humeur, si l'on me cantonne à terre alors que mes potes vont être en mer.

Nico, Arthur, Jo sont en effet navigateurs ; je veux en être. Précisons immédiatement ce qu'on entend par *navigation* dans leur cas. Ne les imaginez pas candidats au Vendée Globe ou bien héritiers de riches armateurs grecs ! Ils possèdent simplement un permis mer donnant droit à piloter des engins à moteur sur l'eau. Les engins sont des Zodiac qui ont subi toutes sortes d'avaries : chocs, entretiens très aléatoires, crevaisons lentes ou rapides, vétusté… mais luxe et utilité suprêmes, mes navigateurs considèrent que la mer demeure le dernier refuge pour hommes libres, sans contraintes policières… et plus précisément sans Alcootest. En effet, ces embarcations servent quasi exclusivement au transport de troupes d'un pique-nique à l'autre, puis, la nuit venue, au débarquement sur les plages qui jouxtent une boîte de nuit.

Je ne suis pas en quête du même usage, mais la mer m'attire irrésistiblement. Cependant, comme on sait qu'à six ans j'ai refusé de connaître les grandeurs et servitudes de la navigation à voile, il me reste à apprendre la navigation à moteur pour jouer dans la même cour que mes potes.

Je m'inscris sans tarder aux cours de navigation et pars pour le Midi avec une bonne semaine d'avance, afin de gagner mon permis d'évasion maritime.

Obtenir le bac, *a fortiori* avec mention, tint du miracle ; en revanche, décrocher si facilement le permis mer dans le Var tient du pragmatisme commercial. Nul doute que le business de la navigation de plaisance a besoin d'être soutenu ; en conséquence, les autorités maritimes encouragent l'obtention du permis sans ergoter. Me voilà donc munie de ce précieux sésame sous son plastique étanche, avec fierté certes, mais sans grande aptitude aux manœuvres en mer…

Mes parents disposent aussi d'un Zodiac qui répond à peu près aux mêmes caractéristiques que décrites plus haut. Je le réquisitionne sans opposition. Les premiers jours, approches du ponton et amarrages sont source de grandes frayeurs et de petites humiliations. Il y a toujours un groupe de badauds en tongs sur le quai pour guetter la faute et ricaner. Mais très vite, les bons réflexes et les sensations viennent. La flottaison, l'humeur changeante de la mer, le sillage, le clapot, voir la terre s'éloigner, me procurent des joies que je n'ai jamais éprouvées au volant de ma première voiture. C'est bon, les gars, je vous attends.

L'endroit où nous nous retrouvons est un fragment de paradis. Face aux îles d'Hyères, cachées sous les pins maritimes, les maisons sont familiales, sans ostentation. Si proches à vol d'oiseau de Saint-Tropez, mais à des années-lumière de son exhibitionnisme et de son tintamarre en juillet et en août. Ici, le mot *farniente* revêt tout son sens. Les sangliers, les renards, les lapins s'y sentent chez eux, à juste titre. Les noctambules ou les insomniaques qui, exceptionnellement, reviendraient encore lucides au bercail par la route plutôt que par la mer, prennent toujours garde, la nuit, de ne pas écraser nos amies les bêtes.

Notre liturgie de vacances stipule – si la météo marine le permet, c'est-à-dire presque tous les soirs à partir de 18 heures – d'aller jeter l'ancre à l'endroit le plus paradisiaque du fragment de paradis, qui se nomme l'« anse de la Reine Jane ». Sans avoir jamais mis les pieds sur une plage des Maldives ou des Caraïbes, là où le sable est invariablement blanc et l'eau turquoise, d'après les images touristiques de ces autres fragments de paradis, je suis prête à parier que la Reine Jane soutient la comparaison sans complexe.

L'objectif est d'y contempler le soleil couchant. Mais c'est bien sûr un prétexte pour être seuls au monde et vider les glacières de leur contenu. Pour ma première croisière en tant que responsable de bord, j'ai préparé de nombreux petits plats en vue de nourrir les équipages. Si je ne l'avais pas fait, la troupe aurait dû se satisfaire des rations réglementaires habituelles : minisaucisses, chips et bières ; très peu pour moi et mes intestins rafistolés.

Trois embarcations suffisent pour acheminer les huit adorateurs du soleil couchant et leur lourde cargaison. Nico et Jo sont chevaleresques, j'ai bien compris qu'ils me laissent sortir du petit port la première. Je me crois *Santa María* en 1492, *La Pinta* et *La Niña* sont dans mon sillage. Mon Amérique n'est qu'à vingt minute de navigation, mais quelle navigation ! L'antidote de la catalepsie fonctionne à merveille, la mer est argentée, uniformément plate. Je me sens bien.

La *Santa María*, *La Pinta* et *La Niña* viennent de jeter l'ancre. Elles s'amarrent bord à bord, afin que les petits plats circulent mieux et que personne ne rate la moindre occasion de briller au concours de « vannes ». Arrive le moment magique où le soleil orangé s'efface doucement à l'ouest, derrière les collines d'Hyères. Des bribes d'*Harmonie du soir* ressortent des plis de souvenirs scolaires : « Le soleil s'est noyé dans son sang qui se fige… » Quel don du ciel que de pouvoir écrire un vers aussi beau ! Mais Baudelaire n'est pas au programme de la soirée, le soleil est couché, place à la nuit et aux choses sérieuses pour les garçons : « Ce soir, y a élection de Miss Levant. On traverse et on y va ! Tu nous suis, Charlotte ? »

J'aime bien qu'ils voient en moi *The Dude*, un garçon manqué, copain de bordée. L'antidote fonctionne admirablement, mais pas au point de les suivre sur l'île du Levant pour assister à l'élection de Miss Seins nus. Il m'est facile de décliner la proposition, trois filles veulent rentrer au port avec moi. « Bonne nuit, les garçons, je lirai le compte rendu de l'événement demain dans *Var-Matin* ; j'espère qu'il ne sera pas question de vous !! »

Ainsi passa mon été 2015, avec lenteur, à me voir entourée d'affection et de rires, dans mon fragment de paradis. Plus tard, hélas ! en juillet 2017, deux mille hectares de cet éden partirent en fumée.

12. Héros

Le bruit ne fait pas de bien,
le bien ne fait pas de bruit.

Saint François de Sales

Le mistral se déchaînait depuis trois jours et la forêt était au comble de la sécheresse ; la température dans la journée ne descendait pas sous les 35 °C. Toutes les conditions étaient réunies pour que des sociopathes craquent une allumette sur ce baril de poudre, ce qu'ils firent avec perversité et lâcheté – l'une ne va pas sans l'autre en général –, attendant la tombée de la nuit pour passer à l'acte, soit à l'heure où les Canadair ne décollent plus. Un millier de personnes, campeurs et résidents, furent évacuées vers les gymnases municipaux ; de nombreux anxieux ou claustrophobes préférèrent coucher sur la plage. Aucun mouvement de panique n'éclata, tant le spectacle était pétrifiant. Les municipalités, les commerçants et la population locale furent remarquablement bienveillants.

Huit cents pompiers venus de toutes les régions de France convergèrent pour prêter main-forte à leurs collègues méridionaux. Les Canadair en noria harcelèrent les flammes ; les Top Guns qui les pilotaient furent impressionnants de maîtrise dans leur prise de risque obligée.

Au terme de deux jours et de deux nuits de lutte acharnée, le brasier capitula. La forêt avait été dévastée, mais les maisons en lisière avaient échappé de peu au sinistre. Aucune victime ne fut à déplorer.

Une fête au village en l'honneur des « soldats du feu », comme les appelle la presse locale, fut organisée.

Les fameux soldats s'y rendirent par petits groupes, dans leurs uniformes de ville – chemise et pantalon battle-dress bleu nuit – qu'ils avaient pris le temps de laver et de faire sécher au soleil de leur campement. Ils étaient visiblement épuisés, mais satisfaits d'avoir « fait le job ». Aucun défilé en fanfare, rangs serrés, avec passage sous un arc de triomphe symbolique, bien au contraire, ils se mélangèrent aux habitants reconnaissants, avec une authenticité et une modestie qui m'attendrirent. Ils répondaient chaque fois avec simplicité et humour aux mêmes questions maladroites entendues cent fois autour du buffet. Oui, ça avait été épuisant ; oui, ils avaient eu chaud dans tous les sens de la formule consacrée ; plus de 1 000 °C au cœur de la fournaise, la peur d'être encerclés par les flammes, la coordination avec les pilotes de Canadair pour ne pas être engloutis sous les tonnes d'eau tombées du ciel…

Et puis surtout, rendez-vous compte… ils refusèrent poliment tout selfie ! Aux antipodes du système « kardashianesque » du « moi, je » hautement monétisé, sans substance et sans limites. Qu'une escouade de pompiers anonymes affiche discrétion et modestie collégiales à l'issue de ce qu'ils décrivent sans esbroufe comme étant seulement une « mission », cela tient de la subversion face à la norme nombriliste mondialisée. Mais cette subversion-là nous laisse espérer que l'humanité n'a pas abdiqué face à la médiocrité.

Demain, ils auront retrouvé leur caserne, avec le sentiment d'avoir bien accompli leur mission – ils n'emploient pas le mot *devoir*, et pourtant –, ainsi que le souvenir d'habitants qui s'échinèrent à leur dire à quel point ils furent exceptionnels de courage et d'efficacité, ce qui visiblement les intimidait un peu tout en leur faisant plaisir.

Il est agréable de penser que l'héroïsme n'est pas l'apanage de vedettes de circonstance, faites de matière synthétique, en quête de projecteurs et de micros, mais d'hommes et de femmes anonymes qui font face, spontanément, sans rechercher aucune gloire ou contrepartie. Ne pas se défiler dans l'adversité, ne pas plastronner non plus en cas de succès, juste servir et servir avec justesse, voilà le Graal.

13. Michka

C'est impossible, dit la Fierté.
C'est risqué, dit l'Expérience.
C'est sans issue, dit la Raison.
Essayons, murmure le Cœur.

William Arthur Ward

Connaissez-vous tous les bienfaits de la *dog therapy* ?

Ne pas pouvoir donner la vie par soi-même n'empêche pas d'attendre un heureux événement pour soi-même, non ? J'ai besoin de combler le vide affectif et de sentir le cœur d'un petit être vivant palpiter pour moi.

Pourquoi pas un bébé chien ?

Mon cœur et mon instinct me guident vers le golden retriever. Ni trop petit ni trop gros, encore moins réputé pour être chien d'attaque, surtout pas, l'ami Wikipédia finit de me convaincre :

« Le golden retriever est l'une des races les plus populaires au monde tant il respire une attitude joviale et amicale. Son intelligence et son image de chien affectueux et parfait pour la famille expliquent ce succès. C'est également un excellent nageur et apte au travail. La chasse, chien d'aveugles, recherche et sauvetage sont des domaines où il excelle. »

Oublions la chasse. Mis à part les rats, les malheureux pigeons essentiellement nourris au monoxyde de carbone et quelques canards désorientés sur la Seine, il n'y a aucun gibier pour un golden dans ce maquis qu'est Paris. De toute façon, tuer un animal à l'artillerie pour des raisons récréatives, après avoir entraîné un chien à rapporter la dépouille, me semble – comment dire ? –… moyenâgeux. Pour le reste, jovial, affectueux, serviable, il a pour moi toutes les vertus.

J'entre dans une filière et un élevage du Finistère. Bébé chien naît en mai 2016 dans une portée de quatre frères et sœurs.

Nous nous retrouverons quand il aura trois mois. La légende urbaine veut que la Bretagne soit noyée sous la pluie un jour sur deux. La journée de juillet où je suis allée chercher bébé chien, le cœur battant, Quimper était inondé de soleil. Maman et papa chien n'ont pas montré de chagrin en disant au revoir à leur rejeton, leur vocation étant de donner du bonheur aux humains sous la férule d'un éleveur bienveillant. Sur la route du retour, la boule de poils se colla à moi en somnolant innocemment ; tout juste un petit pipi d'aisance sur mon sweat *Never give up* à mi-parcours. J'étais aux anges.

Quand vint l'instant de trouver un nom à mon bébé chien, mon intention spontanée, un réflexe « libertaire », fut de m'affranchir de la règle qui devait lui être imposée, c'est-à-dire un nom commençant par M, lettre réservée en 2016 à l'appellation d'un chien de race. Parce que bébé chien est de lignage princier, selon ses papiers de naissance que je découvris et lus dans la voiture qui ronronnait sur l'autoroute, avec un mélange d'amusement et de réticence. À cette occasion, lorsque je constatai que Papa chien se nommait Tam-Tam et Maman, Schtroumpfette, la crédibilité du mythe princier vint à vaciller sérieusement.

Il était bien inutile d'avoir décapité un roi, une reine et mené tant d'aristocrates à la Lanterne pour voir, décennies après décennies, se reformer des avatars de seigneurie. Quel métier, quel milieu n'a pas son jargon, son entre-soi, ses petits privilèges et ses abus, ses signes de reconnaissance, ses rites, sa hiérarchisation à outrance des traits d'appartenance à une caste, son besoin d'exclusivité ?

Par exemple, pénétrer dans une boîte de nuit branchée de la Côte d'Azur démontre que les comportements féodaux ont sans conteste survécu à toutes les révolutions.

Et tout commence dès l'entrée. Le pouvoir seigneurial est, par délégation, entre les mains d'un gardien tout-puissant des lieux. Il serait « agent de sécurité » dans une grande surface à la périphérie de la ville ; ici, il jouit d'une promotion socioprofessionnelle remarquable, devenu « physionomiste » doté de pouvoirs exorbitants. Sa définition officielle de fonction consiste, paraît-il, à composer une palette de *« beautiful people »* qui auront le privilège inouï de pousser la porte de la forteresse, laissant les manants sur le pavé. Dans les faits, notre homme – le titulaire est presque toujours un homme… tiens, tiens ! – procède à un tri entre êtres humains, sans état d'âme :

« Bonsoir beauté, t'es venue avec une copine et des potes… À l'intérieur, c'est blindé, toi et ta copine, vous entrez… les gars, pas ce soir, vous restez dehors ! »

La sentence tombe, sans appel. Elle met à l'épreuve la solidarité du petit groupe. Un bref instant, les deux copines tentent un recours désespéré : « Pas question, on est venus ensemble, on y entre ensemble. » Elles devaient bien aux trois potes de tenter cette supplique, pour le principe, tout en spéculant que ceux-ci, bonnes pâtes, répondraient : « Non, les filles, allez-y sans nous, on va aller boire un coup au Macumba. » Il y a toujours dans les parages un Macumba ou une Grange plus populaires pour consoler les recalés du « physionomiste » qui déjà perd patience : « Bon, les filles, j'ai paksa à faire ! Vous entrez, oui ou non ? » Il est important qu'il se prenne au sérieux et qu'il ait le dernier mot, c'est un avenant à sa définition de fonction.

Les deux copines, ainsi déculpabilisées, pénètrent en se trémoussant dans l'antre, sans se retourner. Aussi désespérant que *Bienvenue à Gattaca*, vous savez, ce film avec

Jude Law et Uma Thurman, où il n'est question que de protocole de sélection, de contrôle et de contraintes. Les « valides » y sont promis à un vaisseau spatial en partance pour une planète idéale et les « invalides », condamnés à les regarder partir.

Or, à l'intérieur de la boîte qui aurait pu s'appeler *Le Gattaca*, nos deux copines, tout à leur tactique low cost pour échapper aux prix prohibitifs des consommations, vont se laisser absorber par les décibels et les lumières laser, sans prêter davantage attention aux enjeux qui ne les affectent plus outre mesure, puisqu'elles ont été éligibles à l'entrée. De nouvelles hiérarchies apparaissent : au sommet, le Valhalla, le domaine des dieux de la série *Vikings*, appelé aussi « carré VIP ». On y sabre le champagne en considérant les masses dansantes avec un sentiment d'entre-soi et de supériorité qu'il n'est pas question de cacher, au contraire. Sur son podium, le *resident* DJ doit ravaler sa blessure d'amour-propre. On lui a ce soir collé dans les jambes un DJ *guest*, une pointure internationale en tournée. La gestion des susceptibilités d'artistes n'est vraiment pas un point d'attention pour les seigneurs des lieux, focalisés sur le buzz et le chiffre d'affaires. La *night* est si cruelle sur la Côte d'Azur !

Cette longue digression est un billet d'humeur. Je supporte mal que des seigneurs d'opérette pratiquent la discrimination avec condescendance et jouissance, autrement dit avec bêtise et vulgarité, quels que soient le milieu et les circonstances, car les princes de la *night* n'en ont pas l'exclusivité, hélas !

Concernant le nom de mon nouveau petit compagnon, mon premier réflexe fut donc de résister à la norme clanique. Il était impensable qu'il fût obligé d'obéir à une nomenclature imposée, issue d'un autre âge. Je me demande aussi, au fond de moi, si je ne culpabiliserais pas un peu d'avoir choisi un beau chien d'élevage, bien sous tous rapports, plutôt qu'un chiot abandonné extrait d'un refuge de la SPA. Pour la libertaire et mère Teresa qui cohabitent en moi de façon souvent excessive, l'élan naturel aurait dû me faire pousser la porte du refuge, bras grands ouverts.

Mais je sais pertinemment ce qui m'a conduite jusqu'à cet élevage de Bretagne plutôt que vers la SPA de mon quartier : la crainte profondément enfouie qu'un chien abandonné ne soit porteur d'une pathologie ou d'une anomalie génétique irrémédiable non détectée. Le spectre de la maladie me hante toujours. Après tout ce que j'ai traversé, je crois avoir gagné le droit à une vie sans terreur ou sans complications nouvelles.

Alors, faisons simple, la libertaire et mère Teresa lâcheront du lest, pour une fois. Puisque mon bébé chien est de la caste du M, jouons le jeu. Des voix se firent entendre pour l'appeler Marvin, comme Marvin Gaye, l'immortel, quoique assassiné, auteur de « *What's going on* ». J'aurais bien voulu faire plaisir à ceux de mes proches qui aiment la musique soul venue des tréfonds de Detroit, dans le Michigan… Là où je suis née au hasard des pérégrinations familiales. Posséder la double nationalité franco-américaine est une contingence, pas un étendard de revendications quelconques. La perspective d'entamer un dialogue de sourds me rebutait d'avance si jamais je croisais, en promenant mon chien, un antiaméricain primaire – à ranger dans la même catégorie que les antifrançais primaires qui pratiquent le *French bashing* –, comme si j'avais eu à donner des gages que je ne soutiens pas Trump. Vous imaginez bien ce que j'en pense.

J'appellerai mon chien Michka, du nom du petit ours rigolo et pataud découvrant le monde dans un livre de mon enfance. En vue de ce parcours découverte, les conseillers ès chiens, les dresseurs professionnels, sortirent des officines pour me mettre en garde. Il faut fixer des règles, s'imposer immédiatement, ne pas laisser l'animal envahir le terrain de l'homme... bla-bla-bla... Les partisans de la manière forte – ils sont nombreux et se reproduisent entre eux – sont finalement très stéréotypés, prévisibles et lassants. Sont-ils efficaces, surtout ? Le doute me gagne. Ils n'ont rien de commun avec ces éducateurs bienveillants qui savent créer une belle symbiose entre un chien et une personne handicapée. Les goldens et les labradors sont le plus souvent élus pour cette noble mission. Cela me fait plaisir et a secrètement orienté mon choix.

Mon chien ne sera donc pas confié à un dresseur de ménagerie. Je ne suis pas revenue de l'enfer pour m'infliger ni infliger à quiconque, y compris à mon chien, une vie de contraintes et de domination.

Alors, Michka découvre le monde à mes côtés, de façon empirique et affectueuse. Mes amis, les commerçants du quartier, les enfants, ses copains chiens sont source d'émerveillement pour lui.

Jovial, d'humeur égale, affectueux limite pot de colle, beau... je m'efforce de garder mon impartialité. J'admets que je suis capable d'intolérance au contact des propriétaires de chiens qui vous parlent du leur comme de la huitième merveille du monde quand, moi, je les trouve moches et idiots. Il en va de même chez certains parents lorsqu'il est question de promouvoir leur prodige aux tests de QI et aux concours de beauté, au milieu du bac à sable devenu ring pour la circonstance. L'objectivité et la tolérance étant hygiène de comportement, je m'y entraîne à chaque instant en faisant plus ou moins d'efforts ! Ainsi, avouons-le, Michka n'est pas la perfection incarnée.

Le golden a la réputation d'être un glouton insatiable. Michka n'échappe pas à la règle. Les promenades sont source de stress, la truffe-radar du gourmand sait repérer de loin la pizza qui pourrissait dans un caniveau ou, pire, l'os de poulet qui causerait une occlusion intestinale. C'est l'occasion de blâmer la propreté de Paris, qui laisse à désirer, mais en toute justice, c'est avant tout l'occasion d'incriminer l'incroyable incivilité de certains Parisiens, y compris celle de ceux qui ne ramassent pas « leurs » déjections canines.

Mais le vrai bug dans le code génétique de mon Michka est son aversion pour l'eau ! Une honte vis-à-vis de ses pairs sauveteurs en mer. Passe encore qu'il ne participe pas aux jeux aquatiques de ses copains quand vient l'été, il se punit de ne pas s'ébattre dans les vagues et de suffoquer de chaleur. Non, le plus dur est que toute tentative de lavage déclenche une panique proche de la crise de folie. Et pourtant, il faut bien de temps à autre convoquer l'assistance pour coincer le cochon dans la cabine de douche. C'est une obligation sanitaire, parce que Michka a effectivement horreur de l'eau, néanmoins il adore se rouler… dans la boue. Une pelouse grasse, un chemin forestier plein de flaques terreuses sont des terrains de jeu qui le mettent en joie. J'aime que mon chien soit heureux, alors moi, la maniaque de l'hygiène et de la propreté, je prends sur moi. Dans ces uniques moments, il se peut que la tentation de faire appel à un éducateur me saisisse, ne serait-ce que pour sauvegarder tapis et moquettes. Mais c'est fugace, la bouille réjouie de Michka a tellement plus de valeur que la propreté des sols domestiques.

Plus important que tout, je scrute toutes ses réactions en présence des bébés de mes amies, mes sœurs de cœur. En ces moments-là, je jurerais que son regard est doux et humain. Nous serons alors deux, au moins, à attendre le petit être qui me réconciliera définitivement avec la vie.

14. Confiance

Un oiseau perché sur un arbre
n'a jamais peur que la branche casse,
parce que sa confiance n'est pas dans la branche,
mais dans ses propres ailes.

Proverbe

Quel est donc le carburant magique qui a fait fonctionner le moteur de nos gars, champions du monde de football ? Talent, dons, compétence, travail, discipline, leadership du marabout Deschamps… oui, tout cela à la fois. Il faut toutefois y ajouter un liant indicible, une chose que je connais bien, puisqu'elle ne s'impose pas par force ou par persuasion, mais par conviction et télépathie : la confiance.

Confiance en soi, confiance en l'autre, en l'avenir, voilà bien le carburant super-premium-sans plomb de tout, de l'amour, de l'amitié, de l'entreprise, de la créativité…

Je n'ai donc retenu qu'une seule phrase de Confucius. En revanche, je maîtrise bien *Tintin au Tibet*.

Dans sa recherche de son ami chinois disparu, victime d'un accident d'avion dans l'Himalaya, Tintin s'en remet aux visions d'un moine tibétain, appelé Foudre Bénie, myope comme une taupe et qui a pour don ou spécialité de léviter quand une vision lui vient.

Dire de quelqu'un qu'il ne touche plus terre évoque arrogance et vanité pour le commun des mortels. Quand Foudre Bénie, tout en humilité, contemplation et myopie, ne touche plus terre, c'est qu'il discerne la vérité que les autres ne perçoivent pas ; il vient de voir dans ses limbes que le copain de Tintin est le seul survivant du crash de l'avion. Puis, une fois la vision évanouie, Foudre Bénie retombe au sol et ne se souvient de rien, ce qui, entre parenthèses, l'exonère de tout procès pour fraude et tromperie qu'on pourrait lui faire. Donc, il ne faut manquer aucun détail et bien prendre note de la vision, au décollage.

Vous me voyez venir. J'ai plein de tendresse et de sympathie pour ce moine paradoxal, myope comme une taupe et qui pourtant est capable de visions transcendantales. Partagerait-il ma vision d'un monde transversal apaisé, un monde qui ne gomme pas les différences mais les rend cohérentes, un monde qui n'ignore pas les épreuves et les souffrances, mais permet de les affronter sans rester les bras ballants, puis de rebondir ?

Accorder du crédit et faire confiance à celle ou à celui qui diffère de soi est un risque qui mérite d'être pris. Est-ce d'ailleurs vraiment un risque quand tout a échoué ? Les déconvenues et les trahisons seront encore nombreuses, mais il faut tenir le cap coûte que coûte. Pas besoin de causes sidérales, des riens mis bout à bout sont autant de ruisseaux qui convergent pour former un fleuve.

Dans mon travail, j'aime la diversité et le foisonnement créatif, j'en ai besoin. J'apprécie ces moments de frénésie partagés pendant la création ou avant un événement commercial, ces empoignades enfiévrées suivies de belles réconciliations.

J'ai aussi le culte du petit mot qui fait du bien, qui surtout crée du lien, et par-dessus tout, du don qui engendre un contre-don.

Par exemple, au volant de ma petite auto sur la file de gauche du périphérique, je suis toujours attentive au motard qui ne va pas tarder à me doubler en trombe à ma droite. Il manquera d'espace, il s'exposera, il sera en tort. Ce n'est pas à moi de le juger et je ne peux me résoudre à porter la responsabilité d'avoir renversé un être humain, même un casse-cou, en connaissance de cause. Alors, je lui laisse l'espace à ma droite, c'est le don que je lui fais. Je spécule qu'il aura compris mon geste. Dans la majorité des cas, le risque-tout m'adressera au passage un geste furtif de sa main gantée comme un *ninja*, en signe de reconnaissance – certains sortent la jambe, j'aime bien, c'est plus théâtral, mais l'intention de fond est la même –, c'est son contre-don. Si ce petit signe de reconnaissance ne venait pas, je serais contrariée, une seconde à peine, mais contrariée. En voyant le motard oublieux s'éloigner, j'aimerais qu'il m'entende lui dire : « Dommage de ne pas avoir eu la gratitude de répondre à mon aimable manœuvre, nous aurions eu un instant partagé de grâce et de confiance qui en aurait appelé d'autres à un prochain carrefour. » Ça, c'est la version sous-titrée romanesque, la version originale reviendrait à : « Pauv'type ! Tu pourrais dire merci, tu ne comprends donc rien… »

Voilà, ma rencontre inopinée avec le motard-qui-remercie est métaphorique. La confiance est une mécanique subtile, elle se construit de manière empirique. Les différences qui font obstacle à cette mécanique subtile ne s'effaceront pas par décret, mais elles peuvent cohabiter, complices, dans le même bouillon de culture, apaisé et compréhensif. Il en sortira bien quelque chose, nécessairement, autre que les procès d'intention et la lente dérive vers les régions, pleines de brouillard et de glace, où l'on se regarde en chiens de faïence, en réalité plus apeurés qu'hostiles. Je n'aime pas le mot *intégration*, sans trop savoir pourquoi ; peut-être évoque-t-il un processus forcé sans adhésion ou consentement. Je lui préfère le terme *convergence*, qui me paraît plus accueillant en laissant à l'autre son libre arbitre et son tempo pour entrer dans le vaste champ de la confiance.

Me voici convaincue que la boîte que je viens de créer, encore vide pour l'instant, fabriquera de la convergence, du lien et du partage, des profits aussi, pas seulement en argent mais surtout en reconnaissance et en fierté, incluant du blanc, du noir, du rouge, du jaune, du bleu… oui, même les Schtroumpfs seront de la partie. Il n'y a que cela de vrai, l'action, bouger ensemble, un boulot qui pétarade pour transformer la réalité avec toutes celles et ceux qui ont la niaque, d'où qu'ils viennent. Un boulot qui permette de remplir le frigo et de payer les traites, un boulot qui soit synonyme d'accomplissement, minuscule ou grandiose, un boulot qui immunise contre la boule au ventre du dimanche soir. Et on verra bien qui a raison, aucun préjugé ne fera le poids dans la maison commune où l'on construira plein de choses au profit de tous, y compris de celles et de ceux qui n'ont pas la niaque. À défaut, notre bon vieux pays, en dépit des instants de grâce éphémères comme ce beau dimanche de Coupe du monde, continuera à glisser sur le même vieux toboggan usé en ne faisant que renforcer le sentiment d'exclusion de beaucoup. Au pire, ces derniers vivront dans le ressentiment ou la colère ; au mieux, leur résignation morose sera à son comble. Or, la résignation n'est pas la résilience !

15. Résilience

*Tout homme blessé est contraint
à la métamorphose.*

Boris Cyrulnik

Question résilience, j'en connais un rayon. C'est avant tout un phénomène qui intéresse les métallurgistes, puisqu'il s'agit du degré d'élasticité d'un métal sous l'effet d'un gros choc avant qu'il ne retrouve sa forme originelle. Le phénomène psychique, c'est pareil. Si la carcasse n'est pas transpercée sous l'impact d'un traumatisme épouvantable, alors elle se tord et reprend avec le temps sa forme originelle, plus endurcie sûrement.

La résilience, ma résilience, se forge lentement avec le temps qui passe. Les oxymores ont été inventés pour moi qui suis impatiente et retardataire à la fois, et c'est bien pratique. J'ai hâte de sortir de ce statut de sursitaire en rémission, hâte de développer mon entreprise tout en prenant le temps de prendre mon temps en savourant la minute qui s'écoule. Ma résilience a trouvé doucement sa voie au milieu de cette contradiction, parmi tant d'autres.

Je me tourne vers Foudre Bénie. Le moine est forcément résilient, expert en lenteur et en réflexion au milieu de ce monde dominé par la vitesse et la fureur. À moins que nous ne soyons irrésistiblement attirés par l'autodestruction ou l'abîme, il ne faut pas exclure cette éventualité, nous sommes quand même de plus en plus nombreux à croire qu'un monde meilleur est possible. Alors ? Que vois-tu, vieux sage ?

Il a bel et bien imperceptiblement décollé, à la verticale. Et ne voilà-t-il pas qu'il chante du John Lennon à tue-tête, avec un accent tibétain à couper au couteau, mais il chante, en suspension dans l'air, ce qui n'était jamais arrivé :

Imagine there's no heaven
It's easy if you try
No hell below us
Above us, only sky
[…]
You may say I'm a dreamer
But I'm not the only one
I hope someday you'll join us
And the world will be as one[a].

Ce qu'il y a de bien avec Foudre Bénie, c'est qu'il voit toujours le verre à moitié plein quand trop d'autres le jugent systématiquement à moitié vide. Seules les visions d'espoir le font léviter ; en revanche, tout risque de prédiction négative le cloue au sol.

C'est vrai, rien ne m'agace plus que ceux qui nous regardent avec condescendance ou ironie quand nous osons militer pour un monde meilleur fondé sur la confiance et le sens de l'autre, ceux qui nous traitent de Bisounours. Leur monde est en fait terriblement figé. Selon eux, depuis la guerre du feu et la grotte de Lascaux, tout ne procède que par rapports de force, dominations et conquêtes, c'est-à-dire exclusions, en rejetant avec sectarisme toute tentative de vision alternative. Beaucoup sont au pouvoir en ce moment sur la planète. Mais qui peut rêver de perpétuer une société âpre, sans merci ni reconnaissance, qui contiendrait en germe *Mad Max* et *Gomorra*, sous le voile des apparences de la politique à l'ancienne, frénésie de pouvoir, rapports de force vides de sens, défaite en rase campagne de l'intelligence et

a. Imaginez qu'il n'y a pas de paradis / C'est facile si vous essayez / Pas d'enfer en dessous de nous / Juste le ciel au-dessus […] / Vous pouvez me dire rêveur / Mais je ne suis pas le seul / J'espère qu'un jour vous nous rejoindrez / Et que le monde ne fera qu'un.

de l'imagination ? Pas moi, en tout cas, et je ne suis pas la seule.

J'ai un besoin viscéral de croire que la confiance et la reconnaissance logent au sommet de la pyramide, au même niveau que la justice, l'équité et la liberté, l'essentiel, quoi !

Plus bas, en dessous, il y a la politique et ses cloisons, les compromis, les arbitrages, les guichets administratifs et l'intendance pour gérer frictions et conflits. Je sais bien qu'il faut de temps à autre descendre à ces échelons si l'on doit se défendre, on n'est pas masos, résilients seulement ; de plus, on ne craint pas la castagne. Et puis, sans fondations solides, pas de sommet élevé, c'est de la physique.

Mais le temps est venu de considérer que ce sommet de la pyramide peut engendrer plus de force pour transformer la réalité que ses étages inférieurs.

Internet a tout changé en tissant sa toile faite d'une aspiration irrésistible à davantage de connaissance, de transparence et de lien. S'y côtoient le pire – complotisme, hystérie collective, lâcheté anonyme, nouvelles délibérément fausses… – et le meilleur, c'est inévitable. Allez ! Laissez-nous une chance, pour une fois, de voir le verre à moitié plein. La vague formée de gens bien et résilients aux quatre coins du monde va bien finir par contenir les pulsions médiocres. Ne pas abdiquer, jamais.

… Et Robert Redford, dans *Havana*, dit à Lena Olin : « Je suis persuadé qu'un vol de libellules sur la mer de Chine peut déclencher un ouragan dans les Caraïbes ?… Ce n'est qu'une question de temps… » C'est l'« effet papillon ». C'est beau, les papillons, je les collectionne.

16. Double peine

Quand tout semble être contre vous,
souvenez-vous que l'avion décolle
face au vent, et non avec lui.

Henry Ford

Vers quinze ans, j'ai lu *Moby Dick* de Herman Melville. L'histoire du capitaine Achab m'a captivée. En quête de vengeance, sans compromis possible, ce capitaine mystique ou enragé va jusqu'au bout des océans pour chasser la baleine tueuse. Inutile de plonger en explication psychanalytique profonde pour comprendre que ce roman résonne toujours en moi, de façon plus allégorique, évidemment, qu'à l'âge auquel je l'ai découvert.

Cependant, un copain, fin lettré – le seul de la bande, il se reconnaîtra facilement –, me signale que Herman Melville a aussi écrit une nouvelle, *Bartleby*, tout autant captivante et énigmatique que *Moby Dick*. Il me dit qu'il y est question de l'employé aux écritures d'un notaire de Wall Street, qui mène une vie de routine et de résignation. Discipliné, méthodique, loyal même, Bartleby est néanmoins affligé d'une inaptitude à s'engager pour quiconque ou quoi que ce soit. Au fil du temps, il se fige dans son néant et, lorsque son patron lui donne une tâche à accomplir, il rétorque sa phrase culte, comme un pathétique mantra : « *I would prefer not to* », c'est-à-dire « j'aimerais mieux ne pas le faire ». Mon fin lettré de copain avance qu'il s'agirait d'une façon très subversive de résister au « système », la grève du zèle à Wall Street, en quelque sorte. Je ne crois guère à cette explication bien trop raffinée.

L'interprétation me paraît beaucoup plus terre à terre. Si l'on n'y prend garde, la vie pourrait n'être qu'usure, routine et parfois accidents. Comment en vouloir à tous les accidentés de la vie qui décrochent, moins armés que d'autres ou frappés en plein vol ? On a l'obligation morale de leur tendre la main et de les aider, coûte que coûte. En revanche, je me laisserais bien aller à secouer ceux qui n'ont pas décroché et vont bien, ceux qui s'arc-boutent sur leur train-train, sans étincelle, avec pour seul horizon de passer entre les gouttes, de fermer les yeux, les oreilles et d'attendre.

Je sais, c'est présomptueux et sûrement vain de vouloir panache, bonheur ou réussite pour les autres, contre leur gré.

Mais quand même ! Plusieurs fois dans ma seconde vie, Bartleby m'a donné l'envie de lui coller des gifles.

Acte premier : Pôle emploi.

Mon premier job prit fin un 16 mars 2013. Un terme sans amertume ni reproches, juste un clap de fin avec une jeune marque qui cherchait sa voie. Enfin, c'est ce que je ressentais, en contraste avec Sézane et Morgane, sa créatrice, laquelle n'a pas son pareil pour ouvrir les chakras professionnels et donner envie de la suivre au bout de ses idées qui débordent du bocal.

J'avais, signée en poche, sa promesse d'embauche après les vacances d'été.

Mais le 2 avril, mon ciel bleu s'est déchiré. Le K venait de me frapper. Pas de pathos, je l'avais promis.

Ces quinze jours entre le 16 mars et le 2 avril 2013 constituaient une zone grise dans laquelle ma démission professionnelle aurait pu se transformer en « rupture conventionnelle ». Ce ne fut pas le cas, c'est la vie. J'avais un autre sacré combat à mener, pour ma vie. C'était en réalité la maladie qui venait de me licencier de mon nouvel emploi avant qu'il commence.

Bref, à mon retour de vacances, je sonne, la bouche en cœur, chez Pôle emploi, afin de toucher mes allocations chômage correspondant à un an d'inactivité.

Il faut impérativement que toute administration concernée cesse de passer *Les Quatre Saisons* de Vivaldi en guise de musique d'attente à son standard. Le maestro vénitien mérite une autre destinée qu'être réputé auteur de « Merci de patienter... un conseiller va vous répondre... », passé en boucle jusqu'à ce que l'équilibre mental des administrés vacille.

Un jour, le conseiller en question décrocha enfin pour m'inviter à poser ma requête... en ligne, sur le site. Là, Bartleby, tu pousses le bouchon trop loin ! Je veux te rencontrer. Après deux tentatives infructueuses dans un centre du XVe arrondissement sous des prétextes mesquins – mauvais horaire ou agent souffrant ce jour-là –, je me retrouve face à une jeune femme, les yeux dans les yeux. Elle est agréable et prend son temps pour enregistrer ma supplique. Visiblement, mon dossier la touche à titre personnel. Elle promet d'étudier favorablement ma demande. La lecture de mes justificatifs médicaux suffit à la convaincre que je n'ai pas tiré au flanc pour aujourd'hui profiter du « système » d'assurance chômage. « Je vous fixe un rendez-vous téléphonique dans quinze jours, promis », me dit-elle en me raccompagnant dans le hall. Je suis sensible à ce petit rien d'humanité au cœur de la machinerie.

Elle tint parole et me rappela le jour et à l'heure convenus. C'est pratique et terrible à la fois d'être HSP, on a toujours un millième de seconde d'avance sur le sens des mots qu'on pressent. Son « bonjour, mademoiselle » contenait déjà toutes les mauvaises vibrations de l'embarras... « Je suis tellement désolée, mais ma hiérarchie ne peut pas traiter votre cas autrement que comme une démission... Mais entre nous, vous devriez faire appel au médiateur de Pôle emploi... » Ainsi soit-il ! Je « googlise » l'homme et sa fonction, je reprends espoir. Lettre de courtoisie, argumentaire et pièces lui sont adressés. Un médiateur en suspension au-dessus de la superstructure Pôle emploi est forcément destiné à dire l'équité, de façon médiane et raisonnable, n'est-ce pas ? Eh bien, non.

J'aurais préféré qu'il justifie : « La lutte contre la fraude aux assurances est cause nationale, il y a trop d'abus, nous ne pouvons permettre la moindre exception », plutôt que de me servir l'hypocrisie ampoulée, sans jamais m'avoir reçue, naturellement – « en dépit des circonstances spéciales de votre cas, nous ne pouvons faire droit à votre demande, nous le regrettons et vous souhaitons bon courage ».

Sors du corps de ce médiateur, Bartleby, tu es démasqué ! Entre « faire » avec discernement humain et te faire valoir avec des statistiques montrant que tu sais contrôler les dérapages, tu as « préféré ne pas le faire », me rangeant au passage dans le clan des fraudeurs potentiels.

Je comptais bien sur mes indemnités de chômage, non pas pour partir en croisière sous les tropiques, mais pour financer et amorcer mon projet. Je croyais ces ressources dues et légitimes et, de fait, destinées à être recyclées dans un projet vertueux, mon projet. Quelle claque !

Acte second : financement et « droit à l'oubli ».

Mon business plan – mon BP, comme l'intitulent mes deux trapézistes – a été construit sans excès ni fioriture, il est au contraire exhaustif et frugal. Je table sur un financement de 35 000 euros pour lancer l'affaire. Rétribution des fournisseurs, frais de premier établissement, logistique, site Web, bureautique, coût de l'INPI[a]... ni impasse ni dépenses d'apparat. Le siège social et opérationnel est situé... dans mon appartement.

a. Institut national de la propriété industrielle pour enregistrer marques et modèles.

Forte de mes convictions et de la justesse de mon BP, je prends deux rendez-vous successifs avec des banques de premier plan, qui ont chacune pour points communs, un, de n'être pas du tout en péril financier et, deux, de vanter leur agilité financière dans des pubs joyeuses et musicales à la gloire des jeunes entrepreneurs. Dans la même semaine, je suis reçue par deux chargés de clientèle. Chaque fois, la même courtoisie, le même quant-à-soi… le banquier est toujours patient et poli. C'est agréable, la patience et la politesse, mais sans passer le test de sincérité et d'engagement à la fin du jour, ce n'est qu'un procédé commercial, en définitive horripilant.

Or, ces deux prêteurs d'argent ont échoué au test de sincérité et d'engagement. Quelque chose cloche.

Ils se montrent trop flatteurs en me raccompagnant aimablement à la sortie de leur agence… « Votre projet est formidable, mademoiselle, nous allons l'étudier avec soin ; cependant, vous devriez aller solliciter aussi une institution parapublique qui aide les start-up. » Bartleby a cette fois une mise de banquier bien sous tous rapports.

Je commence à savoir décoder toute cette rhétorique cotonneuse. Je n'obtiendrai rien de ces banques – pourquoi ?

Mon BP ne fait pas mystère que je suis une ancienne combattante du K. Voilà le problème !

Je m'étais persuadée, non pas naïvement mais au contraire de façon quasi militante, que notre société ne tolérait plus la moindre forme de discrimination. Il existe des discriminations ostensibles, intolérables, envers des minorités visibles, qui sont justement poursuivies et pas toujours suffisamment sanctionnées. Il existe aussi, toutefois, des discriminations rampantes, moins perceptibles. Chausser des semelles de plomb pour ne pas « étudier avec soin » la demande de prêt d'une ancienne malade du K relève de la seconde catégorie.

Pourtant, le « droit à l'oubli » s'impose lentement dans les esprits. Un jour prochain, les réseaux sociaux devront nécessairement l'accorder à toute victime de fausses informations ou de stigmatisations quelconques. Un jour prochain, assureurs et banquiers en conviendront définitivement pour les anciens malades, accidentés de la vie. C'est presque le cas, mais ce *presque* m'affecte.

En effet, il y a une dizaine d'années déjà, assureurs et banquiers ont accepté de signer la convention Aeras – « s'assurer et emprunter avec un risque aggravé de santé » – selon les termes de laquelle, si vous avez plus de dix-huit ans *et* (je le souligne) si votre protocole thérapeutique est achevé depuis plus de dix ans, alors, oui, droit à l'oubli, vous pourrez emprunter ou vous assurer.

C'est long, dix ans ! C'est injuste, dix ans. Je suis presque à mi-chemin de cette double peine. *Rémission* ne veut donc pas dire « rédemption », mais simple « répit » en attendant… en attendant quoi ? C'est pénible d'être, à la moindre occasion, renvoyée à sa condition de sursitaire par les assurances et les banques, broyeuses de rêves, qui font profession de leur aversion à toute forme d'imprévisibilité ou de risque.

Ah, au fait, j'oubliais : l'institution parapublique, dont je tairai le nom par charité, m'a, elle aussi, éconduite, au téléphone, de façon moins urbaine que les deux banques.

J'ai connu pire, je vais me débrouiller autrement.

17. La quête

L'argent est bien, mais l'homme est meilleur,
parce qu'il répond quand on l'appelle.

Proverbe africain

Souvent, lorsqu'une contrariété affecte un membre de ma famille d'amis, nous nous retrouvons dans un de nos lieux de rigolade ou de réconfort habituels. En ce vendredi soir frisquet de la fin 2015, peu de temps avant Noël, nous sommes réunis au Petit Célestin, restaurant tenu par des gaillards qui servent une solide cuisine du Sud-Ouest en bord de Seine. Il n'y a néanmoins ni célébration ni consolation spéciales à l'ordre du jour. Les contrariétés de financement de mon projet ne sont pas une tragédie. Nous avons traversé toutes sortes de peines. À la rubrique « ennuis de santé », il y a deux ans, je tenais évidemment la palme, mais cette rubrique n'est pas exclusive. Je refuse d'établir la moindre hiérarchie dans le malheur et la souffrance. Il y a par exemple, ce soir autour de notre table, un licenciement économique, un cœur brisé, une enfance malheureuse, une famille disloquée, des deuils, d'autres maux enfouis... autant de coups du sort qui auraient pu conduire au bord du précipice. Nous nous sommes débrouillés comme nous avons pu pour que la vie continue de plus belle. Et en cet instant, la vie est belle.

Immanquablement, cependant, un des garçons me demande où en est mon projet. Je réponds que je suis parée au décollage, mais que je n'ai pas encore obtenu mon financement. Personne n'interprète cette nouvelle comme un appel à contribution, pour au moins trois raisons. La première est que chacun sait que je suis incapable de quémander une telle chose à mes amis, de façon indirecte ou allusive – mélange de fierté et d'inaptitude à la mendicité. La deuxième cause est que je sais, d'instinct, qu'il ne faut pas risquer d'abîmer une amitié avec des questions d'argent – mélange de bon sens paysan et de superstition. La troisième raison est que je n'ignore pas que mes amis sont déjà pas mal endettés – je ne le suis pas encore.

Se plaindre des fins de mois difficiles est un thème fédérateur autour d'un dîner. Alors, l'euphorie gagne la tablée, les bonnes idées également. Le même garçon en a une fulgurante : « Au fait, Charlotte, pourquoi ne vas-tu pas voir le banquier privé dont tu nous as parlé, celui de la piscine du pape ? Qu'est-ce que tu risques ? Et puis, tu devrais aussi tenter un *crowdfunding*, ça marche bien, je connais des gars qui ont une plate-forme de *crowdfunding*... »

Il n'est pas question d'une, mais de deux idées fulgurantes. Ce fut un joyeux dîner, il me tarde de relancer la machine dès lundi.

Prise de rendez-vous facile avec le banquier d'affaires, supporter de la piscine papale. Traits d'humour au téléphone, entrevue fixée à son bureau en milieu de semaine, sans passer par le sas « voyez ça avec mon assistante... ». Efficace, pas collet monté. Entre-temps, mes trapézistes s'étaient renseignés. L'homme a créé il y a moins de dix ans, avec quelques pointures du milieu financier, un fonds d'investissement extrêmement performant, selon mes potes qui n'osent m'avouer qu'ils sont secrètement admiratifs, comme s'ils pressentaient que je n'allais pas l'être. Autrement dit, celui-ci prend de gros risques dans des affaires prometteuses et attend de gras retours sur investissement. Du capitalisme sans fioriture. Je suis perplexe, mais je me rendrai évidemment à l'entretien.

Le matin du rendez-vous, Max et Mika avaient tenu à me préparer à la rencontre. Ils auraient aimé être à ma place, j'en suis persuadée. J'agis donc par procuration et ils veulent que je sois au top. Je m'efforce de prendre des notes et de répéter quelques arguments qu'ils jugent essentiels. Je le fais par générosité envers eux, ils se montrent tellement investis et excités. Au fond de moi-même, toutefois, j'ai du mal à me concentrer sur l'exercice. Apprendre un texte par cœur et le répéter sont deux choses hors de portée pour moi, *a fortiori* si ledit texte est truffé de chiffres. J'aurais été une piètre comédienne. En tout cas, je promets de les rappeler à la sortie de l'entrevue. Je le leur dois bien.

En fin d'après-midi, je pénètre dans un immeuble majestueux des Champs-Élysées, mais sur les Champs, tous les immeubles le sont. Des enseignes luxueuses y logent en majesté, mélangées à des McDo, des Quick, des Five Guys planétaires. J'affectionne les mélanges.

En revanche, pas de grand panachage dans le bureau de l'investisseur. Espace immense, design minimaliste, des tableaux abstraits sur les murs blancs, un écran plasma signifiant « connexion à la planète finance », tous les codes de la profession me semblent réunis, c'est-à-dire le sentiment de déjà-vu dans une série télévisée. Oui, c'est bien ça ! Je me vois dans la série *Billions*, chez Axe Capital, avec Damian Lewis. Comme j'ai étudié le design, je reconnais immédiatement un détail : les fauteuils Charles Eames. Meubles iconiques – enfin, peut-on parler de « meubles » dans ce contexte ? Des totems, plutôt, signe d'appartenance à une tribu. Magnifiques objets en aluminium moulé, avec une assise en cuir blanc, les mêmes que chez Axe Capital. Ici, j'en compte dix, disposés symétriquement de chaque côté d'une table de réunion en bois exotique, un peu moins longue qu'une piste de bowling.

Mon interlocuteur a fait glisser l'un des fauteuils dans l'angle de la piste de bowling et m'invite à m'asseoir pour commenter mon business plan. Il est spontané et porte une chemise blanche, sans cravate, manches tout juste retroussées au-dessus des poignets. Encore un code et un signe d'appartenance, c'est évident. Obama en campagne faisait de même. Je devrais avoir le trac, mais étonnamment, je suis relâchée.

Comme je n'ai pas envie de jouer ou, pire, de surjouer un rôle qui n'est pas le mien, je me sens parfaitement à l'aise pour défendre mon projet avec mes mots et toute ma conviction. J'emporte tellement d'espoir dans mon *booklet* spiralé sous couverture en plastique transparent…

Je raconte et justifie mon entreprise, j'ai le sentiment d'être fluide et inspirée. Mais l'homme m'interrompt, de plus en plus souvent. Il est homme de chiffres et de faits mesurables, pas de *storytelling*, comme ils disent.

Ses questions sont précises et pertinentes. Je m'enhardis, parce que cela démontre qu'il veut décortiquer le projet. Il est question de « ROI » (*return on investment*), de « marge op. » (marge opérationnelle), de plein d'autres termes que je reconnais à l'oreille, figurant sur la liste d'antisèches préparée ce matin avec les deux trapézistes. Ouf ! Merci, les gars, je ne passe pas pour une quiche. J'argumente et contre-attaque avec mes convictions sur l'économie solidaire et du partage, la création de capital immatériel fondée sur le facteur humain… Il traite sans condescendance mes arguments. Le banquier d'affaires est ouvert d'esprit, il sent bien l'évolution du monde, pas question de louper une éventuelle pépite ou le train qui passe.

Et puis, après une petite heure de ce ping-pong verbal… « Bon ! Charlotte, écoute-moi, voici ce que tu vas faire… »

Qu'il m'appelle, pour la première fois, par mon prénom pour conclure l'entrevue, rien de plus normal. C'est un standard dans ces milieux américanisés. En revanche, le tutoiement tout à trac n'a pas d'équivalent en anglais. Je me sens légitime et adoubée.

« Avec mes associés, nous avons pour politique d'aider au décollage de boîtes industrielles uniquement, et en général autour d'un million d'euros. Nous n'avons pas le savoir-faire pour ton type de projet. Tu devrais solliciter une plateforme de financements participatifs, je t'appuierai. Tu peux m'appeler à tout moment si tu veux un conseil. En attendant, un premier conseil, un seul : dans tes *metrics*, le plus important, c'est ton BFR… Sois très, très vigilante avec ton BFR ! »

Je ne relève pas ces deux dernières notions, remplies de menaces invisibles, « metrics » et « BFR » ne figuraient pas sur la liste d'antisèches. Je demanderai plus tard à Max et à Mika.

Je ne m'offusque pas non plus qu'une organisation prête à prendre un risque industriel d'un million d'euros ne puisse investir 35 000 petits euros dans mon projet. Le banquier d'affaires raisonne de façon technique, sans sortir de son couloir de nage, uniquement focalisé sur la recherche de l'effet utile et profitable de ce qu'il sait faire et entreprend, ce n'est guère critiquable. La philanthropie, c'est un autre guichet !

Il me raccompagne à sa porte, nous échangeons une poignée de main de footballeurs. C'était bien, je m'en vais raconter l'épisode aux deux trapézistes. J'ai apprécié cette rencontre un peu comme un parcours découverte, mais dans un coin de ma tête, une petite musique me dit que je n'ai pas envie de dépendre d'un investisseur qui lui ressemblerait. Ma priorité est de savoir et de pouvoir me financer – en petite partie, question de libre arbitre et de fierté ; en grande partie, question de lien et d'incarnation vis-à-vis de ma communauté.

Calée sur une chaise du café Le Deauville, sur les Champs, j'appelle Max et Mika placés sur haut-parleur. De toute évidence, l'un est en poste dans un autre café. Je gage qu'en cette fin de journée il étudie la tendance et l'ambiance à La Palette, si j'en crois les bruits environnants, y compris la voix du serveur, qu'il me semble bien reconnaître.

L'autre se prélasse sur son canapé. Le fond sonore est électrosaccadé, compatible avec la Corona qu'il sirote tout en parlant au téléphone. Comme je suis en verve, je lui demande si les expérimentations sonores que j'entends ne seraient pas une tentative de mix raté en vue d'un prochain enterrement de vie de garçon sous acide. Sa réponse ne se fait pas attendre :

« Non mais, Charlotte, ça va pas ?! Quand on est fan comme toi de Lana Del Rey et de Christine and the Queens, on n'est vraiment pas qualifié pour juger ma musique. » L'attaque est si mesquine que je ne peux en rester là :

« Ouais ! J'oubliais que les goûts musicaux des HEC sont un must, vous qui avez fait des « Lacs du Connemara » de Michel Sardou l'hymne officiel de vos beuveries de fin d'année… »

Ce qu'il y a d'admirable dans les plus belles amitiés, c'est la complicité sans complaisance… et l'amitié qui me lie à ma bande est très belle.

Mika, depuis La Palette, siffle la fin de la partie ; il aurait pu mettre les pieds dans le plat et faire de la surenchère, mais il est sûrement pressé de reprendre ses activités de séducteur en training intensif :

« Bon, Charlotte, je vois que tu es en forme ! Tout s'est bien passé chez Axe Capital, non ?

— Oui, super ! Damian Lewis ne va pas investir dans ma boutique et je n'y comptais pas vraiment, vous le saviez. Il est super cool et réagit vite. Il a dit que je pourrais le revoir pour faire des points d'étape. Je le crois, c'est gratifiant de connaître quelqu'un comme lui. Y a qu'un truc que j'ai pas pigé à la fin, et ç'a l'air important !

— C'est quoi ?

— Hum, il m'a dit que les deux premières années d'une start-up étaient les plus risquées et qu'il fallait faire gaffe au BFR de *Matrix*.

— *What??* » s'exclament-ils en chœur, et je pressens la mise en boîte, je ne l'aurai pas volé.

Ils enfoncent le clou :

« Keanu Reeves et *Matrix Reloaded* n'ont rien à faire dans ton projet, il a voulu dire que, de tous tes *metrics*, c'est-à-dire tes indicateurs de performance financière, le plus important est ton besoin en fonds de roulement : BFR. Y va pas falloir carboniser à l'avance le pognon que tu n'auras pas encaissé au fil de ton développement. Y a toujours un décalage entre ton flux de dépenses et tes encaissements. Il faut savoir gérer ce décalage comme l'épicier en bas de chez toi, sinon ça peut être fatal pour la boîte. Il a complètement raison. »

Alors, je crâne :

« C'est évident !... Les gars, c'est absolument super tout ce que vous avez fait pour moi aujourd'hui et plein d'autres jours. Demain matin, je me lance dare-dare dans un *crowdfunding*. Vous avez des touches ?

— Oui, qu'est-ce que tu crois, on passe pas notre vie à boire des coups à La Palette ! La plate-forme de financement participatif la plus en vue s'appelle KissKissBankBank[5]. On a vu passer quelques dossiers sympa avec ces gars. Certains qu'avec toi, ça va marcher… »

Ainsi soit-il ! J'adore les deux trapézistes.

18. KissKissBankBank

Le besoin de s'aider engendre la bienveillance,
une indulgence mutuelle,
l'absence de toute rivalité.

George Sand

Financement participatif et solidaire, *crowdfunding* : je savais que la campagne électorale d'Obama devait beaucoup à ce moyen de lever des fonds faisant appel à l'élan d'une foule (*crowd*) citoyenne. Je crois bien qu'il avait récolté 150 millions de dollars. Alors pourquoi pas moi, à la recherche de 35 000 malheureux euros ?

Tout me plaît dans ce concept de « foule sentimentale » qui « a soif d'idéal », pour paraphraser Souchon.

Association spontanée de bonnes volontés, élan collectif pour une cause, sentiment d'appartenance à une communauté, pas de dividendes ou de retour sur investissement, mais la plus puissante des contreparties : l'obligation morale de porter et de réussir le projet en étant à la hauteur des attentes des contributeurs, créer du lien social et du sens.

C'est avec la foi chevillée au cœur que je pénètre pour la première fois chez KissKissBankBank.

Je repense aux affres de la création de Mister K Fighting Kit et des petits procès d'intention qu'on a pu lui faire avec son appellation de novlangue anglaise ! Je ricane intérieurement en me disant que mes potentiels financiers, chez qui je suis en train d'entrer, ne se sont pas embarrassés de préjugés au moment de déposer le nom KissKissBankBank. Les établissements traditionnels ont dû se gausser à la fondation d'une banque qui promettait des bisous à répétition. Renseignements pris, KissKissBankBank ferait allusion à *Kiss Kiss Bang Bang*, film dans lequel Robert Downey Jr. et Val Kilmer forment une équipe de bras cassés impliquée dans un mystérieux imbroglio policier. Mes potentiels financiers seraient donc banquiers et cinéphiles, capables d'autodérision… voilà déjà bien des points qui me les rendent d'avance sympathiques.

Au surplus, la plate-forme loge rue de Paradis – je suis servie dans ma quête autoréalisatrice de symboles.

Et rue de Paradis, avec pour voisins un Franprix et un bistrot de quartier, l'endroit devait être, au siècle dernier, une quincaillerie dans un secteur populaire qui était loin d'imaginer une reconversion pleine d'énergies nouvelles dans une banque du troisième type.

Bref, le lieu est anticonformiste, comme le sont celles et ceux qui l'animent, aux antipodes des codes qui définissent Axe Capital aux Champs-Élysées. Pas de totem ou de meubles iconiques dans les locaux, mais des cadres exposant les photos de nombreuses « *success stories* ». Je reconnais le film *Demain* de Mélanie Laurent, qui a pu récolter un peu plus de 400 000 euros. Véritable lanceur d'alerte pour la planète en danger, ce documentaire a pour bande-annonce musicale « *Ho Hey* » des Lumineers, ma chanson talisman. Il n'y a pas de coïncidences. Et puis, le SeaOrbiter qui a engrangé quelque 300 000 euros de la part de contributeurs désireux de promouvoir l'économie « bleue » avec cette machine sous-marine chercheuse et *bodyguard* de nos océans devenus intolérables poubelles. Il y a aussi une myriade de projets aux financements plus modestes, agriculture bio, artistes conceptuels, premier album de musiciens, qui tous, sans exception, vibrent d'humanité.

Foudre Bénie me prend la main et je décolle doucement du sol, je viens d'avoir la vision que mon projet va rejoindre les autres dans ce Hall of Fame de l'économie solidaire.

Mais avant cela, retour sur terre, il faut monter l'opération de *crowdfunding* avec soin. Il ne s'agit pas de bricoler le stand d'une tombola de kermesse paroissiale. C'est un métier.

L'estimation des chances de succès est rapide. J'appréhendais l'exercice, sachant que seul un projet sur quatre est retenu par la banque. Celle-ci doit se montrer sélective, sinon elle croulerait sous les propositions fantaisistes, au risque de disqualifier son objet. On me rassure, mon entreprise n'est pas saugrenue. Elle entre dans le champ immense de l'appel à générosité spontanée, pour lequel les Français font bonne figure en Europe. Le succès du Téléthon, du Sidaction, des Restos du Cœur, du don de sang, de tant d'autres, ne se dément pas au fil du temps, en dépit des fins de mois difficiles pour une majorité de donateurs. Cette statistique nous incite à ne pas définitivement désespérer de l'humanité, malgré tous les vents contraires qu'elle doit subir, y compris une fiscalité pesante qui commence à freiner la générosité des foules.

Justement, la tâche de mes KissKissBankers est d'estimer avec justesse l'impact qu'aura ma campagne au milieu du paysage « concurrentiel » – je répugne à le dire ainsi, mais il faut bien appeler un chat un chat – de ces grandes et formidables opérations caritatives.

Les fêtes de Noël sont juste derrière nous, voilà un autre événement qui a pu mettre à mal le budget des généreux contributeurs potentiels. Décision conservatrice est prise de fixer la barre de rendement à 30 000 euros. Je tablais sur 35 000, mais je suis satisfaite. Les KissKissBankers ont l'air sûr de leur affaire.

Comme dans les figures imposées au patinage artistique précédant le programme libre qui déclenche les hourras à la moindre triple boucle piquée, il me faut tourner un petit film pour présenter mon projet et le soumettre à la bienveillance des internautes donateurs avant le lancement de la campagne.

Spielberg n'étant pas disponible, je fais appel à Hugo[6], jeune cinéaste plein de promesses. Son cachet est modique, sa bienveillance illimitée. Il a naturellement commencé par laisser flâner sa caméra sur les communions, noces et banquets, banquets surtout, à condition qu'ils soient débridés et carnavalesques. Puis la passion créative ne l'a plus quitté, elle est devenue vocation. Passage chez Disney Chanel, production de clips de rap, Hugo poursuit méthodiquement son rêve, tourner un jour prochain des courts-métrages. J'ai bien vu dans son regard l'étincelle qui l'a mené jusqu'à mon projet.

Le tournage a lieu dans mon appartement, je devrais être en verve. Je ne le suis pas.

Je présente les quatre prototypes de kits que j'ai pensés et dessinés à peu de frais depuis la création de ma start-up. Il y a là une boîte Visage & Corps, une Cheveux & Sourcils, une Pieds & Mains, une pour homme, autant de thèmes qui renvoient à la lutte de chaque instant pour le bien-être, la beauté, la dignité, l'estime de soi, la vie qui s'obstine.

Je possède le script sur le bout des doigts, mais je n'arrive pas à me sentir un seul instant fluide et relâchée pour dire : « Aidez-moi à financer mon projet de Fighting kits, mes box beauté, pour accompagner en douceur les combattant du cancer… » Je projette tant d'espoir au-delà de cette lorgnette impersonnelle de la caméra inerte qui me fixe. Au bout d'un moment, orgueil et insatisfaction rendent les armes, je renonce à l'idée que ma scène soit époustouflante. Le cinéaste ne se laisse pas gagner par ma frustration et décide de mettre en boîte le clip vidéo, que cela me plaise ou non. Il a raison, l'objectif n'est pas de convaincre le jury de Cannes, mais de me présenter comme je suis, sans filtre ni artifice, au service de mon projet.

Ceux qui m'aiment jugent évidemment le résultat formidable. Ils évitent néanmoins d'en rajouter dans l'emphase ou l'admiration, ils savent que la moindre complaisance peut me rendre désagréable. Moi, je me trouve nulle sur ces images qui ne me ressemblent pas. Un jour prochain, il faudra bien que je règle ce problème de gaucherie et de sueurs froides face à la moindre caméra. Pour l'heure, le plus important est que mes KissKissBankers, qui sont rémunérés pour ne pas être complaisants, acceptent le clip sans réserve.

Un site dédié est ouvert. Ce portail servira à collecter les dons et à entretenir un lien vivace avec les contributeurs.

La règle du jeu est claire : quarante jours de campagne, si l'objectif de 30 000 euros est atteint, KissKissBankBank prélèvera une commission de 9 % plus la TVA, que j'avais innocemment omis d'intégrer aux charges. Je vais vite devoir apprendre à progresser dans le bushland fiscal !

La question des contreparties à offrir aux donateurs se pose. Dans mon cas, il est difficile d'offrir des compensations matérielles ou financières importantes ; il s'agirait plutôt de contreparties morales, les plus gratifiantes, en réalité. J'aurais eu à financer un album de musique ou un film, des places de concert ou des invitations VIP à la première auraient été une contrepartie naturelle et tangible.

Pour mon projet, je n'ai rien d'aussi glamour à proposer. Mes petits bracelets plaqués or, porteurs de mon mantra fondateur « *Never give up* », mes box beauté, une belle soirée de remerciement, voilà mes seules contreparties matérielles. Mais je sais que celles et ceux qui me rejoindront doivent forcément me ressembler, ce sont des idéalistes. J'ai donc essentiellement du lien et mon engagement moral chevillé au cœur à offrir en retour. De toutes les façons, si l'objectif de 30 000 euros n'était pas atteint, les donateurs seraient remboursés intégralement.

Allez ! À la grâce de tous les dieux connus, je vais appuyer sur le bouton de lancement de ma campagne.

Comme dans l'*Objectif Lune* de Tintin, il arrive un moment où la fusée doit obligatoirement passer en mode balistique ; il y aurait plus d'inconvénients à ne pas la lancer qu'à la lancer.

Je pense à tous les patients, mes anciens compagnons de lutte, à leurs proches. Je pense à tous les médecins et à toutes les infirmières qui m'ont portée à bout de bras, jours et nuits. Je pense à mes partenaires bienveillants, les grandes marques de dermo-cosmétiques, les laboratoires pharmaceutiques, les parapharmacies, les fabricants d'accessoires, tous dans le même élan ont répondu depuis deux mois à mon appel et ont magnifiquement accepté d'être des compagnons de route en fournissant gratuitement les premiers produits et échantillons qui entrent dans la composition de mes Fighting kits. Je m'interdis de les décevoir.

Go! Le 2 janvier 2016, ma campagne de *crowdfunding* est lancée en ligne. Décollage très lent, trop lent pour mes nerfs en pelote. Les trois premiers jours ne sont que doute et impatience. La cagnotte atteint péniblement les 1 000 euros… et puis, miracle ou magie des réseaux sociaux, le quatrième jour, les contributions commencent à affluer avec un effet d'aubaine qui me remplit de joie et d'optimisme. À l'issue de la période de collecte, le résultat tombe comme un enchantement : plus de cinq cents donateurs ont consenti à m'épauler, me gratifiant d'un pécule total de 45 000 euros pour un objectif qui était fixé à 30 000.

Les images se bousculent dans ma tête. Je voudrais connaître tous mes donateurs et les étreindre. La plupart ont versé entre 40 et 80 euros, mais au moins trente personnes ont investi plus de 500 euros chacune. C'est un succès dont je n'osais même pas rêver. Il y a tant de gens bien, se tenant debout, anonymes, insensibles aux facilités de l'égoïsme ordinaire.

Ce soir, je dormirai heureuse et soulagée… oui, soulagée, car le moment est venu d'avouer que j'avais pris un risque, mélange d'impatience et de « prophétie autoréalisatrice ». Il y a plus d'un mois, les planètes m'ont paru si formidablement alignées que j'ai passé commande au fabricant de mon premier stock de box, ma première grosse dépense d'investissement… sans savoir avec certitude si je pourrais à terme les payer. Entre la leçon de BFR reçue il y a si peu chez Axe Capital et gagner de précieuses semaines pour commencer à composer mes Fighting kits, je n'ai guère tergiversé.

Car enfin, entreprendre, c'est d'abord une question de prise de risque calculée, non ? Voilà, donc, je viens d'entrer dans le cercle protéiforme des entrepreneurs, ces gens un peu frappadingues, capables de se jeter du haut d'une falaise avec la certitude qu'ils trouveront toujours le moyen de construire un planeur pendant la descente.

19. Management

Si vous voulez aller sur la mer
sans aucun risque de chavirer, alors,
n'achetez pas un bateau : achetez une île !

Marcel Pagnol

Après le succès de ma campagne de *crowdfunding*, deux semaines viennent à peine de s'écouler, mélange de frénésie, de satisfaction et de panique. L'argent de mes généreux contributeurs n'a pas eu le temps de se prélasser sur le compte bancaire de la société. Les créanciers piaffent déjà à la porte, y compris le fournisseur de box et mon webmaster. Enfin, « créanciers », c'est ainsi que les comptables nomment ceux à qui l'on doit de l'argent. Je suis toujours indécise quand il s'agit de choisir entre gestion sans affect et l'idéal romantique qui me pousse à voir en chacun de mes créanciers un compagnon de route, partenaire bienveillant. Il suffit alors d'observer l'agencement de la table qui me sert de bureau pour comprendre la hiérarchie implicite entre les deux sentiments.

Dans le coin le plus éloigné de cette table, sur l'angle à ma droite, en partie masqués par l'écran de mon ordinateur, les papiers et les courriers comptables ou administratifs, les premières notes de frais, sont plongés dans un sommeil trompeur, empilés dans une petite boîte à étagères ornée de stickers qui annoncent : « À payer », « Répondre », « À classer » et « Compta ». Illusion d'organisation qui donne bonne conscience, mais je sais qu'il y a urgence à convoquer un cerveau doué en comptabilité pour combler mes béances et gérer cette masse de documents essentiels à la bonne marche de la moindre société, y compris à dresser son bilan annuel.

Alors une copine, talentueuse designer free-lance de chaussures, qui confesse les mêmes béances en matière de suivi et de reporting comptables, me recommande auprès de Cindy, sa comptable. Cindy pratique la comptabilité en free-lance avec aisance et disponibilité, au service d'un cheptel de jeunes entrepreneurs qui doivent comme moi savoir qu'il est interdit de procrastiner, c'est-à-dire remettre à demain ce qu'il faut impérativement faire le jour même, pour garder sa boîte sur les rails. Pour un honoraire modique, Cindy rejoint toutes les bonnes fées qui veillent sur mon organisation.

Parlons maintenant de la surface restante de ma table, c'est-à-dire 140 × 90 cm à peine amputés de la section comptable et administrative dont on vient de parler. Très vite, cette surface a pris des allures de capharnaüm, du point de vue des visiteurs. Pour moi, l'endroit est devenu un lieu central de vie, avec des fonctions essentielles et parfaitement cohérentes, selon toute logique tortueuse sortie d'un cerveau HSP. Petit inventaire non définitif : revues, magazines, gris-gris, porte-bonheur… et puis les crayons de couleur, les feutres, les pinceaux, une petite boîte d'aquarelle, qui n'ont aucun répit. Blocs-notes et cahiers de dessin, feuilles volantes ne restent pas longtemps sans vie. Il faut dire que je me fais un devoir d'animer mon blog hebdomadaire sans faillir ; j'ai pris le parti de ne pas illustrer les portraits des « K Fighters » et de leurs proches avec les selfies d'usage. Trop crus et impudiques. Je préfère symboliser ou suggérer l'invisible… et puis je ressens, physiquement, que mon crayon leur transmet toute ma sincérité et mes meilleures ondes quand je les dessine. Je me sens utile, quoi !

Jour après jour, la surface s'encombre aussi de bouts de tissus en provenance des fournisseurs de ma vie d'« avant ». Ils ne m'ont pas oubliée. Des prototypes prennent forme, sont laissés en plan, reviennent… Je ne peux m'empêcher de courir deux lièvres à la fois, toujours la même urgence brouillonne à vouloir exiger mon dû au temps, non pas perdu, mais volé. Ma seconde marque – Mister K – est ainsi rapidement créée, peu de temps après la première – Mister K Fighting Kits. Un jour prochain, Mister K diffusera la ligne de vêtements et d'accessoires dont j'ai toujours rêvé. Pour l'heure, j'évite de me disperser, Mister K est un peu comme la lampe d'Aladin posée sur ma table. De temps à autre, je caresse la lampe magique et le bon génie en sort, m'adresse un clin d'œil avant de regagner son abri. De toute façon, j'ai un sursaut de lucidité, je n'arriverai pas à développer ces deux marques ensemble sans partenaire ni embauche.

L'organigramme a été adopté à l'unanimité. Michka a été promu accompagnateur et *bodyguard* de livraison à La Poste et chez Mondial Relay, responsable aussi de l'accueil fournisseurs/livreurs. Un jappement sec et joyeux signale que quelqu'un va se présenter à ma porte, plusieurs secondes avant même que le gentil préposé n'appuie sur le bouton de ma sonnette. Le livreur DHL a sa préférence ; la vue de sa chemisette aux couleurs de la maison d'expédition, jaune et rouge, le met en joie. Son confrère d'UPS est plus austère dans sa tenue marron. Il reçoit un accueil moins exubérant, non pas à cause de son uniforme sans éclat, mais en raison de ses chaussures. Michka les renifle méthodiquement. L'homme me fournit la clé de cet examen spécial. Il possède un labrador hyperactif qui a imprégné de son odeur les chaussures de tournée enfilées à la hâte ce matin. Michka est heureux de reconnaître ce lointain cousin qui lui transmet un message sur semelles olfactives. Autant que moi, mon chien a besoin de se sentir connecté aux autres.

Mister K Fighting Kits fonctionne bien. Depuis le démarrage – mes trapézistes de la finance préfèrent dire

« amorçage », c'est encore sûrement un de leurs termes d'initiés –, le tableau de marche que je m'étais intuitivement fixé est respecté, en ligne avec le business plan. Pour une fois, l'irrationnel et la planification semblent cohabiter, en harmonie. Pourvu que ça dure !

Un copain fou de jazz, pilier du New Morning, rue des Petites Écuries, m'expliqua un jour les mystères de la note bleue. Pour lui, le jazz est une chose très sérieuse qui s'appuie sur des lignes mélodiques (ou pas), savamment architecturées (ou pas), que doivent ensemble respecter (ou pas) ces artistes hors norme qui m'attirent confusément… jusqu'à ce que, n'y tenant plus, l'un d'eux dans l'orchestre décide de prendre la tangente – on dit « improviser » –, c'est plus fort que lui. Pour ce libertaire, tout l'art consistera à revenir un peu plus tard de sa chevauchée impromptue dans les sphères de la prise de risque, en retombant pile sur ses pieds pour mieux retrouver ses comparses et leur ligne mélodique. Ce moment furtif de retrouvailles est comparable à un atterrissage sans visibilité réussi. L'à-peu-près est exclu, le miracle est une option souhaitable. Cette symbiose entre les musiciens est évidemment affaire de complicité et de confiance, là aussi, encore et toujours. Cet instant en suspens se nomme la « note bleue ».

Je crois bien que je suis en quête de cette note bleue, dans ma vie comme dans mon entreprise, les deux sont tellement liées. Les plages d'improvisation ou de bidouille alternent avec les plages d'organisation et de structuration, choses nouvelles dans mon quotidien.

L'écosystème que je me suis créé me plaît. Il ne me permet pas encore de dégager un salaire, mais il monte en cadence au profit de toutes celles et ceux qui attendent leur Fighting kit. Je collectionne les messages de gratitude qui valent tous les dividendes imaginables.

Enfin, *écosystème* est un terme encore bien présomptueux. C'est tout simplement un défi managérial à plein temps avec ses moments-clés consacrés à des tâches précises que je m'efforce d'orchestrer, depuis ma table capharnaüm, jusqu'à ce qu'elles deviennent routine.

Ouvrir mes mails et les traiter avec sincérité et exhaustivité est non seulement une question de méthode, mais aussi une obligation morale qui me prend une bonne partie de mes matinées.

Puis la logistique, préparer, emballer les commandes – ne pas oublier la petite carte qui fera du bien quand, dans deux jours, elle sera lue –, les regrouper et les porter, avant 17 heures, à la poste ou chez Mondial Relay en prenant soin de vérifier si les colis sont pris en charge, sous la haute surveillance de Michka.

Quelqu'un qui me commande un kit est plus qu'un client, c'est le maillon d'une chaîne de bienveillance.

« *I care* », dirait-on en anglais, un des rares mots qui, bizarrement, ne trouve pas son équivalent de façon aussi concise et percutante en français. En fait de traduction, on a recours à quelques périphrases telles que « je m'en soucie », « je me sens concernée », « je fais attention », voire « je ne m'en fous pas »... Oui, c'est tout ça à la fois, « *I care* ».

Entre-temps, réfléchir, respirer, alimenter Cindy en papiers comptables, dessiner, écrire, sortir Michka, ne pas se laisser déborder... et, le week-end venu, voir les amis sans céder à la tentation de leur infliger le compte rendu de ma semaine, dit autrement, ne pas les bassiner, ils ont eu leur propre lot de servitudes, eux aussi.

Je constate cependant que les deux autres entrepreneurs de la bande partagent avec moi le trouble obsessionnel de ne pouvoir, ou de ne pas savoir, débrancher.

Les revues savantes qu'on lit afin de se tenir à la page nomment *benchmarking* la méthode qui consiste à se comparer aux meilleurs pour en tirer de bons enseignements. Nous pratiquons le *benchmarking* à notre sauce en toute circonstance. Les retrouvailles du week-end sont source de comparaisons, d'émulation, de frictions feintes ou surjouées et de complaintes sur les charges qui accablent tout entrepreneur. Face à ce tourbillon dans nos crânes, celles et ceux (la majorité) qui n'appartiennent pas au clan des entrepreneurs autoproclamés se font forts de nous rappeler en souriant que savoir lâcher prise, savoir se moquer d'avoir tort, accepter des points de vue différents, ne pas devenir monomaniaque… sont autant de voies de progrès salutaires pour rester connectés aux autres et garder les pieds sur terre.

Et de toute façon… Michka en a marre qu'on s'occupe moins de lui, le moment est venu d'aller le faire courir comme un dératé au parc de Saint-Cloud avec ses copains du dimanche.

Toute cette vie sociale innerve ma petite entreprise et les réseaux sociaux y tiennent une part essentielle. Cependant, je n'avais pas encore compris combien il était nécessaire d'incarner mon action pour mieux toucher tous mes soutiens et donner plus de résonance à ce que je fais. Enfin si, je l'avais compris, mais disons que je reculais l'échéance du moment où il faudrait que je m'expose, en personne, à la bienveillance ainsi qu'à la critique – c'est la règle du jeu – de toutes les parties prenantes qui contribuent à faire tourner ma boutique. Ce moment redouté et redoutable est vite arrivé.

20. Médias

L'estime vaut mieux que la célébrité ;
la considération vaut mieux que la renommée.

Nicolas de Chamfort

Mia[7] fait partie de mon petit panthéon de belles rencontres. Elle pratique les relations presse et la communication de façon élégante, c'est-à-dire sans cynisme ou entrisme dérangeant. Elle est douée d'empathie et ne laisse rien au hasard.

Premiers encarts, articles, premières photos de moi dans les magazines. Impossible d'estimer combien de personnes ont été touchées, dans tous les sens du terme. C'est sûrement infinitésimal à l'échelle de tout le lectorat de ces magazines, mais suffisant pour constater que le lendemain d'un bon article avec photos flatteuses, les commandes sont beaucoup plus nombreuses que les jours ordinaires. Et, selon Mia, ce n'est rien, comparé à l'impact qu'aurait un passage à la télé ! Je la vois venir, non pas avec ses gros sabots, mais avec ses fins escarpins Repetto. Je sais bien qu'elle s'est activée en catimini pour décrocher un passage sur un plateau.

Le 4 février 2016 au matin, trop tôt pour moi, je fais face en vacillant à l'immense tourelle de verre du vaisseau TF1, à Boulogne-Billancourt. Je suis attendue sur le plateau LCI de Valérie Expert[8] et son émission *C'est l'actu* pour présenter mon action et mes Fighting kits à l'occasion de la Journée contre le cancer.

Je suis en mode pilotage somnambulique. Mia, fine mouche, ne m'encourage pas avec des paroles dont elle connaît l'effet dévastateur sur mon taux d'irritabilité, très élevé avant 10 heures du matin, ce dont je ne suis pas spécialement fière. Elle évite judicieusement de prononcer toutes ces incantations inutiles, dont la liste est non limitative, telles que : « tout ira bien », « tu vas être top », « je leur ai parlé, ils te trouvent super », etc.

En revanche, comme tout bon prestidigitateur qui sait aimanter l'attention de son public crédule, elle dirige en souplesse mon regard vers le ballet des quelques célébrités de l'endroit, qui entrent comme si elles pointaient à l'usine ; et ça marche : « Waouh ! T'as vu Machine, j'la r'connaissais pas », dis-je en ouvrant ainsi la soupape de décontraction. Et d'enchaîner : « Aïe ! Elle commence à accuser l'âge », puis, enhardie, j'achève deux présentateurs : « Et t'as vu Untel et Truc, qui se font la bise, j'croyais qu'ils pouvaient pas se sentir ?... »

C'est vrai, quand mes amis se font une bise en se retrouvant, je sais qu'il s'agit d'un rite affectueux, sincère. Lorsque deux célébrités masculines font de même en public, je ne peux m'enlever l'idée, très probablement injuste, qu'il s'agit de donner en spectacle une connivence surjouée, une sorte de service après-vente de la notoriété.

Bref, la tactique de Fine Mouche fonctionne plutôt bien. Il y a un instant, j'étais au bord du malaise vagal ; maintenant, j'avance d'un pas un peu plus assuré. On ne dira jamais assez tous les effets bénéfiques de l'humour et de l'ironie, placebo et amortisseur d'angoisse, sur les HSP incurables.

Si je n'étais désormais sujette au rejet de tout médicament (mon organisme en a tellement absorbé), je me laisserais sans doute aller à avaler un de ces petits bêtabloquants bien connus des angoissés qui vont affronter un grand oral ou un examen universitaire décisif. Je n'en ai pas. En revanche, quelques bouffées d'une clope allumée en douce sur le parvis de TF1 feront l'affaire. Mia me transperce du regard. La fonction essentielle des communicants est d'anticiper et de calculer le lien de causalité entre un fait minuscule et l'emmerdement médiatique maximal qu'il pourrait déclencher. Je me prépare donc à venir sur un plateau de télévision dédié à la lutte contre le cancer, après avoir fumé une cigarette pour me donner du courage. Mais Mia, avant d'être bonne communicante, est pragmatique et pleine d'indulgence face à mes innombrables contradictions. Elle sait qu'elle peut désormais me dire, rassurée : « Allez, on y va, tout ira bien ! »

Je suis prise en charge par une assistante souriante, enveloppante, donc efficace. Celle-ci me dirige prestement vers la loge de maquillage. J'apprécie ce moment d'abandon relatif entre les mains d'une experte en trompe-l'œil. Depuis l'aube, elle a eu à farder un casting cosmopolite, composé de deux hommes politiques, de l'écrivain du moment, d'une starlette, d'un chef d'entreprise… et de moi, un peu comme la mouche sur le lait. Elle ne fait aucune différence, elle en voit tant défiler dans son atelier du faux-semblant. Elle parle peu, elle s'est soumise à un devoir de réserve ; pas question de copiner avec le visiteur, comme s'y livrerait une fidèle coiffeuse. Mais je la sens attentionnée et bien dans sa peau, rassurante. En deux coups de cuillère à pot, c'est le cas de le dire, elle gomme et répare cernes et traces d'une nuit sans sommeil. Ainsi munie de mon masque protecteur, qui me donne l'impression qu'il va craquer au moindre rictus, j'entre en piste.

Un plateau télé est une arène écrasée de lumières aveuglantes. Un halo moins lumineux l'entoure, domaine des machinistes. Au-delà, dans l'ombre, je perçois que d'autres s'activent, en silence, précis. Cette machinerie me fascine autant qu'elle me tétanise. Prendre une contenance naturelle tout en étant consciente de l'enjeu n'est pas chose facile quand on est en apnée. Je ne sais pas exactement combien de temps a duré ce moment, une éternité pour mon cœur qui battait à tout rompre. Franchement, je ne garde aucun souvenir plus précis de ces instants. Un seul reste vivace. Valérie Expert s'est montrée attentionnée et agréable. Pendant le direct, elle a naturellement senti que j'alignais des sons plus que je ne parlais et argumentais, aux côtés des deux autres invités visiblement plus rompus que moi aux rites de la télévision. Elle m'a tendu les bonnes perches, m'a offert les relances – c'est son job, qu'elle pratique avec fluidité –, mais à la fin, hors antenne, un détail m'a émue : elle m'a spontanément aidée à ranger mon barda de Fighting kits, avec des gestes et des mots simples, presque maternels. Cette touche d'humanité m'a permis de relativiser toute la puissance écrasante de ce média que je venais d'éprouver.

À la sortie du studio, Mia m'attend. Tout comme les incantations de méthode Coué étaient à proscrire en entrant, l'hyperbole ou la flatterie du genre « Tu as été super ! » sont à déconseiller *a posteriori*. Elle sait que je n'ai fait que résister au collapsus, tant bien que mal. En revanche, elle trouve instinctivement le bon angle, utile et factuel : « Ça commence à bouger pas mal », annonce-t-elle, l'œil qui frise, fixé sur son smartphone. Je respire de nouveau normalement et les synapses de mon cerveau se reconnectent assez vite. Je comprends que les réseaux sociaux et mon site réagissent vite, admirablement et massivement à ma séance d'apnée télévisuelle du matin, sans parler de toutes celles et de tous ceux qui m'aiment et qui guettaient l'événement sans me le dire. Le petit ding-ding de mon smartphone me signale toutes les secondes qu'un texto affectueux vient d'entrer. Voilà ! En une matinée, je suis passée du statut d'entrepreneure de quartier à celui d'entrepreneure « vue à la télé ». Je mesure tout l'effet fantasmatique de ce support médiatique, je mesure surtout que Mia avait raison : l'impact sur les commandes de Fighting kits est immédiat et significatif, soit le triple de celles enregistrées un jour ordinaire. Avant de filer à l'atelier, où Michka doit siéger en m'attendant, la truffe collée à la porte, je me vote le droit de siroter une boisson chaude avec Mia qui l'a bien méritée. Les pros de la com nommeraient ce moment un « debriefing », comme un tempo masochiste supplémentaire en vue de verbaliser les forces et les faiblesses de la prestation qui vient de s'achever. Le thé au jasmin qui nous réunit pour l'heure est tout sauf un tel examen, c'est un doux mélange empreint de soulagement et de promesses que je ne pourrais que mieux faire la prochaine fois. Car il y aura des prochaines fois, presque toutes vibrantes et inspirées, grâce à l'alchimie de belles rencontres. Je crains d'en oublier : le reportage de William Garrit pour France 5, puis Télé Matin, M6, BFM, le Prix Marie-Claire, remontent spontanément à la surface[9].

Le fil de ce beau vibrato a bien été, çà et là, contrarié par quelques séances oubliables, aux confins de la télé-réalité et du bruit pour rien. Je m'y suis ennuyée, pas impliquée, n'en parlons plus. Deux séquences vinrent heureusement rattraper cette sensation de vide. Tout d'abord, la vidéo que la sensible Mai Hua tourna pour moi en compagnie de Michka, en vedette américaine incontrôlable, traverse le temps comme une signature de ma marque naissante[10]. Puis, deuxième séquence inattendue : par un beau jour de mars 2018, je me rendis sur le plateau de Chérie 25, où Évelyne Thomas[11] m'avait invitée à rejoindre la galerie des vingt portraits de femmes qu'elle dressait. Le snobisme et les préjugés me répugnent, alors je m'en veux secrètement d'avoir présupposé que l'animatrice de *C'est mon choix* ne pût organiser qu'une interview superficielle. Il n'en fut rien, bien au contraire. La conversation fut un moment de belle intelligence émotionnelle, un de ces moments que rien ne prédispose à être gracieux et qui le sont par la magie des mots justes qui s'enchaînent sans aspérité pour composer la note bleue qui m'est chère. J'en oubliai les caméras, c'est dire. Il faut préciser que Michka était aussi de la partie, invité à me seconder pendant l'interview, l'œil aux aguets, afin de s'assurer que chaque machiniste était bien un copain de jeu potentiel, ce qui fut le cas sans exception. Cette gentille attention d'Évelyne Thomas n'est sûrement pas étrangère à mon miraculeux relâchement lors de ce portrait.

De toutes ces séquences médiatiques, je sors convaincue que la télévision et les vidéos sont de fascinants et puissants vecteurs, mais des vecteurs d'images avant tout. Un flot d'images incarne une personnalité, c'est nécessaire ; il la reconstruit toutefois également, à son insu, à travers des subterfuges, des mises en scène, des montages, tant de filtres avant de voir et, surtout, d'entendre la substance. Je l'accepte, c'est la règle du jeu ; néanmoins, je suis anxieuse à l'idée que ma sincérité et mon engagement soient anéantis par un nez qui renifle, un imperceptible tic, un œil qui trahit la panique ou, pire, un bout de salade fiché entre deux dents sous le regard impitoyable de cette caméra en gros plan qui ne me parle pas. Pour conjurer ces risques épouvantables qui peuvent ruiner deux nuits, au moins, de sommeil, mon refuge et ma préférence instinctive sont la radio et son avatar moderne, le podcast.

Fin 2016, Siham[12] est venue à ma rencontre. Ce fut une belle rencontre. Siham est la créatrice et la pionnière du podcast *Génération XX*, dédié aux femmes qui entreprennent. Elle partage avec moi et avec plein d'autres la conviction que le temps est venu de promouvoir l'entrepreneuriat et le management par l'exemple et les valeurs, en contraste avec une gestion exclusivement axée sur les objectifs financiers qui assèchent, rendent dingue ou méchant, selon le cas. Le truc de Siham, c'est le lien, la parole qui porte et fédère. Alors, sans rien connaître des techniques de prise de son et de montage, elle s'est lancée, avec son micro et son empathie sans limites, pour faire résonner les unes avec les autres, toutes celles qui entreprennent en tout terrain... et ça a marché instantanément. Je le sais, j'ai essuyé les plâtres de la première interview.

Je me souviens de notre connivence qui se formait au fil des mots, de la fluidité des questions qui, sans forcer le passage, suscitaient des réponses sincères, débarrassées du soupçon d'être manipulatrices. L'intelligence émotionnelle est un don ; la conversation, un art. Ensuite, tout cela fut webmasterisé, podcasté pour entrer dans vos oreilles, en voiture, dans le métro, en cuisine, en balade... partout où vous l'aurez décidé, de façon intime, libre et nomade. Beaucoup, parmi les quelque cinquante rencontres podcastées en deux ans par Siham, m'ont inspirée : Axelle Tessandier[13], Mathilde Lacombe[14], Inès Leonarduzzi[15], Francine Leca[16], la lumineuse chirurgienne de Mécénat chirurgie cardiaque, autant de repères et de boussoles.

Le podcast *Génération XX* de Siham fut ainsi lancé. Nous avons ricané aux allusions douteuses de ceux qui y auraient vu la promesse d'un site porno. Non, désolée, les gars, XX est le symbole des chromosomes sexuels féminins, c'est tout ; vous, c'est XY. Parce que Siham, avec son podcast, mène sans avoir l'air d'y toucher un combat non pas féministe et militant, mais un combat en catimini contre les stéréotypes. Et parmi tous ceux qui l'agacent – qui nous agacent –, il y a cette overdose du cliché et de toutes ses déclinaisons sur le thème du « comment réussir en tant que femme ? », qui préjugent que la femme qui réussit ne peut être qu'une représentation caricaturale de Glenn Close dans le rôle de Cruella voulant faire la peau des 101 dalmatiens. Difficile de décoller ce sticker « en tant que femme » qui nous plaque au plancher sous le plafond de verre. La meilleure façon d'en finir avec ces poncifs d'un autre âge est de prendre la parole et d'avancer sans cesse, avec humilité et détermination. « À te regarder, ils s'habitueront... », dit l'un des plus beaux vers de René Char.

Mais les choses changent, et le funeste plafond de verre commence à tomber en petits morceaux, c'est heureux. Nous sommes satisfaites lorsque des hommes, comme mes deux trapézistes, se reconnaissent dans notre énergie pour former une même vague. Cette énergie n'appartient plus à un genre spécifique, homme ou femme, qu'importe. C'est l'énergie née du mérite et de la compétence, quelles que soient les différences.

« Si tu diffères de moi, mon frère, loin de me léser, tu m'enrichis », proclame Antoine de Saint-Exupéry dans *Citadelle*.

21. Coaching

Enseigner, ce n'est pas remplir un vase,
c'est allumer un feu.

Michel de Montaigne

Mes apparitions médiatiques ont eu pour effet collatéral de susciter des invitations à parler de résilience, d'espoir, de confiance, d'entrepreneuriat, devant des parterres variés – universités, écoles de commerce, grands groupes industriels conscients de l'évolution de leurs responsabilités sociales et environnementales. Ils nomment ces moments des *master class* ; pas de quoi prendre la grosse tête quand je mesure toute l'ironie de mon sort, l'élève que je fus ayant été rétive à se plier aux injonctions de la maîtresse d'école. Ces séances sont toutes, sans exception, vibrantes d'humanité et d'échanges féconds. C'est très réconfortant… mais seulement une fois la session terminée, parce que, en réalité, le jour et les instants qui précèdent ces plateaux de télévision ou ces *master class* sont toujours des temps d'immense solitude et d'angoisse. La peur de ne pas être à la hauteur, de se sentir inadéquate, de décevoir sont les réflexes primaires incontrôlés chez toute HSP. J'ai beau me rassurer avec les singularités positives de ce syndrome qui me rend particulièrement attentive aux autres et à chacune des vibrations de la minute qui passe, tous les membres de ce club innommé savent bien que le bluff ou la fierté ne sont pour nous que les sentinelles avancées d'une timidité maladive et paralysante. J'aimerais tant pouvoir spontanément contrôler mes émotions et faire face à une foule pas forcément bienveillante, l'apprivoiser, la captiver, être capable de surmonter gaffes et gaucherie sans la moindre blessure d'amour-propre non cicatrisable. Essayez d'imaginer les sueurs froides d'un pauvre hémophile convoqué pour tester les lames d'une fabrique de rasoirs… Voilà comment je me rendais aux invitations des médias et des *master class*. Il était urgent et crucial que je soigne cette pathologie d'un genre particulier.

Deux personnes extraordinaires sont entrées dans mon cerveau pour procéder aux rangements nécessaires, successivement, David et Silvia.

Acte premier : David[17].

J'ai connu David en 2012, soit un an avant mon séisme, parce que, pendant les deux années qui l'ont précédé, j'étais en proie à des souffrances qu'aucun médecin n'était en mesure de diagnostiquer. J'étais livrée à moi-même pour calmer mes tourments entre des crises de plus en plus aiguës. Les deux praticiens qui me suivaient alors avaient rendu un diagnostic qui sonnait comme un aveu d'impuissance ou d'incompétence, c'est pareil. Ils nommaient ces douleurs « colopathies fonctionnelles ». Le docteur Diafoirus du *Malade imaginaire* de Molière n'aurait pas dit mieux pour habiller d'un terme pseudoscientifique un mal de ventre persistant qui dépassait sa clairvoyance. David se montra déterminé à ne pas me laisser accepter la fatalité, avant, durant et après l'épreuve.

Dès le lendemain du jour où j'appris que le K m'avait méchamment mordue, la présence de David devint impérative. Maintenant qu'on savait, il était temps de passer à l'action.

Mes proches, mes amis, mes sœurs de cœur avaient déjà fait bloc et ne m'ont jamais lâchée. Ils avaient instantanément compris tout ce que j'attendais d'eux et c'était très simple : qu'ils continuent à vivre leur vie normalement, sans compassion ni pathos en ma présence. Quant à moi, je m'interdisais de leur communiquer ma colère et ma peur. Au-delà de la pudeur qui m'empêchait de répandre et de leur étaler mes tourments, j'avais conscience qu'aucun ne pouvait être objectif et insensible face à l'ampleur des dégâts. Je ne voulais pas qu'ils me mentent par omission ou qu'ils travestissent la dure réalité. L'amour n'est jamais impartial. Seul un étranger pouvait l'être, et remplir pleinement la fonction multiple de déversoir, d'airbag, de sas de décompression, d'*helpdesk*, de masque à oxygène, d'antidote au poison lent de mes jours et de mes nuits. David fut cet homme providentiel.

David pratique sûrement la psychanalyse, je n'en suis même pas certaine, incapable finalement d'avoir jamais su s'il appartenait à l'une de ces obédiences ou de ces écoles de pensée de la psychanalyse. Quelle importance ?

En revanche, il a développé une méthode bien à lui, qu'il a systématisée sous l'appellation AEMD, « analyse émocomportementale méthode Démann ». Quand il écoute, je ressens qu'il est attentif à me faire simultanément verbaliser mes névroses les plus profondes pour les transformer en comportements positifs.

Dans *Les Experts : Miami* arrive invariablement le moment où les fins limiers, sous la férule de David Caruso, sont obligés de faire appel à l'outil luminescent pour déceler l'invisible, la trace de sang qui fut pourtant nettoyée à grands coups frénétiques de serpillière par l'assassin. Mon David coach de vie n'est pas ce David Caruso, mais il possède le même genre d'outil luminescent pour traquer les traces de doutes et toutes les inhibitions enfouies au tréfonds de l'âme – ou de la conscience, allez savoir… Il me guida en douceur, poussa quelques portes cadenassées à double tour, jusqu'à ce que je parvienne à purger mon cerveau de tous ces scories, colères, interdits ou blocages, stratifiés depuis l'enfance, dans le but exclusif d'être mieux armée pour affronter le seul défi qui vaille en situation d'urgence : lutter pour guérir et vivre.

Et des situations d'urgence psychique, il y en eut des masses pendant deux ans. Des prévisibles, balisées sans merci sur l'agenda, les veilles d'opérations, les veilles de PET Scan et d'IRM. Et puis les pires, les imprévisibles, celles qui m'assaillaient sans crier gare tandis que tout paraissait aller moins mal. Ces crises survenaient toujours entre chien et loup, à ce moment effrayant appelé « crépuscule ». Quand le sommeil ne venait pas, alors le spectre de la Faucheuse dans sa cape noire se mettait à tournoyer au ciel du lit, sournoisement et de façon obsédante. Mes anciens compagnons Lexomil et Xanax n'y pouvaient plus rien, devenus moins que des placebos avec le temps. Alors, ni une ni deux, j'appelais David. Je ne sais pas comment il s'organisait, mais il était toujours disponible, même tard le soir. Ses premières paroles étaient apaisantes, c'est-à-dire une suite logique de mots simples et percutants qui, une fois mis bout à bout, formaient une prescription qui pouvait s'entendre ainsi : « Bon ! Aucune mauvaise nouvelle supplémentaire… juste quelques soubresauts normaux sur le chemin de la résilience. Tout va bien, Charlotte, vous [nous nous vouvoyons, ce n'est pas anecdotique] n'allez pas trébucher sur un gravillon, en route vers la vallée après avoir conquis l'Everest, si ? »

Depuis deux ans approximativement, le spectre de la Faucheuse au ciel de mon lit me fiche la paix. Il a été supplanté en plein jour par un autre spectre nettement plus terre à terre et turbulent : baisse passagère des commandes, BFR en souffrance, fournisseurs oublieux, premiers bilans…

Rien de métaphysique, que du réel bien pâteux, comme si Casper, le gentil fantôme devenu gestionnaire, avait succédé à la Faucheuse en la priant de rester au placard.

L'an dernier, en tout début d'année, un soir pourtant, seule face à tous ces tourments qui se précipitaient en vrac dans l'entonnoir, j'ai éprouvé le besoin de rappeler David. Sa réponse me fit à peu près le même effet que lorsque mon oncologue m'avait annoncé, tout guilleret, ma rémission : « J'aurai plaisir à vous recevoir si vous y tenez, mais je vous suis sur Instagram ; franchement, vous n'avez plus besoin de moi… » Ce soir-là, j'ai dû dormir comme une masse, pleine de gratitude pour David coach de vie. Le crépuscule, ne l'oublions pas, c'est aussi le moment du lendemain matin, où la nuit s'efface pour laisser place à l'aube. Allez, hop ! Michka, une dure journée nous attend, mais une belle journée.

Acte second : Silvia[18].

Début 2017, je reçois un appel enjoué m'invitant à me rendre à la prochaine réunion de la Journée de la femme digitale[19], le 9 mars. Pas de stress, je présume simplement que *digitale* évoque des débats entre spécialistes du numérique. Bien que ce ne soit pas ma tasse de thé, c'est le progrès, et puis la perspective de connaître d'autres filles qui bougent me fait promettre d'y réfléchir et de rappeler vite. Je vais accepter, mais je me renseigne.

Ouh ! là ! Les entreprenantes Delphine Remy-Boutang[20] et Catherine Barba[21] sont les promotrices de ces journées qui voient converger des milliers de personnes dans un immense bouillon de culture où la crème de la crème de l'entrepreneuriat féminin, des médias économiques, du monde politique, défile sur scène. Bref, ce n'est pas une petite réunion entre copines autour d'un verre, mais une grande messe qui rassemble des masses de fidèles. Le thème de cette session est « Rendons le monde meilleur ! » – tout mon programme et ma raison d'être.

Comme promis, je rappelle, déjà fébrile, ma joyeuse interlocutrice. À peine ai-je dit bonjour qu'elle m'enrôle d'un ton alerte, sympa, irrésistible : « Super d'avoir accepté, Charlotte ! » – je ne l'avais pas encore fait, mais je ne me formalise pas, impossible de refuser. Et elle enchaîne : « Tu vas monter sur scène en binôme avec Sarah Ourahmoune[22] pour illustrer la start-up audacieuse et pleine de sens. Tu peux prendre contact avec Sarah pour organiser votre intervention… » Vaguement rassurée de n'être pas seule plantée sur scène, j'appelle la fameuse Sarah… et fameuse, elle l'est.

Vice-championne olympique de boxe, oui, de boxe féminine, mère de famille et aujourd'hui entrepreneure : ma curiosité est à son comble, je suis juste inquiète de ne présenter aucun point commun avec une sportive de très haut niveau. Mon seul trait d'union avec le sport de Sarah, se nomme Giovanni[23]. Il a un jour rejoint le cercle de mes bonnes fées, mais il s'étoufferait de rire s'il m'entendait le promouvoir au rang de ces gentilles lucioles en suspension dans l'air. Il est coach de boxe et de plein d'autres disciplines où les contacts sont rugueux, ce qui n'exclue pas le beau geste, au contraire. Boule de muscles, Giovanni est aussi boule d'humanité. À raison d'une séance par semaine à domicile, je lui dois le rafistolage de mon enveloppe musculaire et surtout la réconciliation avec mon corps que je m'étais mis à haïr après tant de maltraitance chirurgicale. L'évocation des salles de boxe où Giovanni a entraîné quelques champions du monde, pas moins, est bien, à ce stade, l'unique image qui me rapproche confusément de Sarah, dont le palmarès me plonge dans une immense perplexité. Eh bien ! Tout se passe à merveille dès le premier contact. Grande simplicité, chaque mot, chaque intonation de Sarah laisse transparaître la détermination et l'énergie à travers une féminité sans chichis. Elle a forcément dû affronter tant de préjugés, sociaux, sportifs, familiaux, religieux peut-être... mais elle a fait exploser le plafond de verre à coups de poing. Je sens que notre duo va fonctionner, sans avoir à craindre la moindre rivalité ou ces espèces de joutes oratoires hystérisées et vides de sens dont raffolent certains présentateurs télé. Cependant, pour Sarah, monter sur ce podium du 9 mars qui approche à grands pas ne sera qu'un divertissement, elle qui sait se préparer mentalement et physiquement à prendre des coups et à les rendre, elle qui sait se relever après avoir mis genou en terre. Moi, je ne sais pas atteindre cet état proche de l'hypnose et du dédoublement de la personnalité pour battre un adversaire dans les règles de l'art. Mon épreuve à moi fut subie en vase clos, pas comme un championnat bourré d'adrénaline, sous les vivats de la foule. Je suis simplement revenue d'une guerre sans règles, avec pour seules armes la médecine et des moyens instinctifs au jour le jour. Cela ne fait pas de moi une championne de quoi que ce soit, et vraiment pas une championne de la confiance en soi. Le malaise vagal – ou pire... passer pour une truffe sur le podium – est à ce stade le plus probable. Alors que ma boutique doit impérativement continuer de tourner, il me reste cinq petites semaines pour dégager du temps à consacrer au *crash program* qui me fera passer de l'état de gastéropode hébété à celui de présentatrice charismatique de mon action.

Entra donc en scène Silvia. Elle m'avait été recommandée par Juliette[24], la lumineuse Juliette. Cette dernière est allergique à l'obscurité, pire, à la noirceur. La lumière est sa raison d'être. Elle a créé la Shine Academy pour diffuser aux entreprises ou à tout groupe en quête de sens les bonnes ondes nées de ses expériences vécues. Juliette a également fondé You Share You Shine, une association qui vient en aide aux plus démunis. Son credo est d'une simplicité irrésistible : prenez-vous en charge en faisant ce que vous pouvez avant de faire ce que vous voulez. Des actes minuscules accomplis avec un minimum de générosité et de volonté peuvent illuminer une journée et vous faire du bien ainsi qu'aux autres. Oui, Juliette, le partage est source de lumière et de vie. On nous dit un peu « allumées »... ben, oui ! C'est vrai, une flamme nous pousse en avant, l'eau tiède et l'obscurité ne sont pas nos éléments. *Smoke on the water, fire in the sky* chantait Deep Purple pour nous, sans le savoir. Les flammes montent haut dans le ciel et les cendres fument encore à la surface de l'eau. Mais revenons à Silvia.

Silvia est comédienne de métier et par passion, ou encore psychanalyste, conférencière, coach en management, elle écrit beaucoup, dont l'inénarrable *Mon ado est un gros naze... mais je l'aime !* ; c'est une touche-à-tout magnétique et effervescente, comme j'aimerais l'être pour multiplier mes chances de bien remplir chaque minute de cette vie.

Un jour, ma grand-mère me raconta que son beau-père, mon arrière-grand-père donc, avait ouvert un garage dans le village et que, pour être sûr de fidéliser le peu de clients qui roulaient en voiture avant-guerre, il avait peint sur sa vitrine « Spécialiste en toutes marques ». Son fils, mon grand-père, que je n'ai pas connu – vous suivez ? –, s'empressa, en lui succédant, d'effacer cette publicité présomptueuse. *Spécialiste* induit un savoir-faire exclusif et homologué dans une discipline, alors que *spécialiste en tous domaines...* ? Ce n'est même pas un oxymore, mais une surestimation périlleuse qui ne peut déclencher que frustration ou ennuis judiciaires. En revanche, *touche-à-tout*, ça, c'est noble. Cela suppose gourmandise, curiosité, ambition et générosité. Fortifiée par toutes ces bonnes vibrations, je prends rendez-vous avec Silvia. Exposé rapide au téléphone de mon cahier des charges… très chargé… ce à quoi elle répond : « J'en ai vu d'autres, venez après-demain, 15 heures. » Tout d'un coup, je me sentais moins incurable.

Exceptionnellement ponctuelle, je sonne à la porte d'un appartement dans Boulogne-Billancourt, ni bling-bling ni bohème, mais fonctionnel et calme. Voilà pour l'apparence ; cependant, une fois entrée, je me rends immédiatement compte que je viens de pénétrer dans une centrale électrique qui distribue de l'énergie à tout-va. Pas le temps de souffler, Silvia me prend en charge : « Bon, Charlotte, le temps presse, on va aller au plus utile, on finassera plus tard ! »

En théorie, elle travaille sur l'assertivité et traque le syndrome d'imposture dont souffrent inutilement toutes celles et tous ceux en manque de confiance en soi. Il ne s'agit pas de s'imposer par la peur ou l'agressivité, il ne s'agit pas non plus, à l'inverse, de jouer la soumission, toutes attitudes négatives qui ne font que conforter un public dans l'idée qu'il est manipulé, ce qui l'amène à perdre confiance en celui ou en celle qui n'en a déjà aucune. Un autre terme fait florès ces temps-ci : « Pas de *bullshit* ! » C'est parfaitement ça, plus question de servir des « excréments de bovins » en guise de conviction.

Honnêteté, transparence, se sentir bien dans sa peau, bien dans sa tête, avoir confiance en soi… être assertive, quoi ! Et tout ira pour le mieux. Voilà pour le cadrage ;

maintenant, passons aux exercices pratiques. Paraître naturelle, quel boulot ! Woody Allen, je crois, prétendait qu'être acteur, c'est 1 % d'inspiration et 99 % de transpiration. En trois séances seulement, Silvia me fit beaucoup transpirer. Assise, debout, en mouvement, j'ai dû répéter et recommencer les mêmes phrases, interrompues des dizaines de fois, en quête de la bonne intonation ; respirer depuis le plexus solaire, détacher les syllabes, offrir de brefs silences de suspens, enchaîner doucement, dompter le mouvement des mains qui moulinent de l'air… je n'en pouvais plus. En retour, Silvia sait encourager et célébrer chaque minuscule progrès, aux antipodes de la culture de la remontrance et du « tu-n'y-arriveras-jamais-comme-ça », qui, hélas ! reste la norme chez certains parents, enseignants et managers. Je terminais les séances exténuée, mais pleine de gratitude.

À l'issue de notre première rencontre, je partis dans un monologue pour témoigner à Silvia, de façon verbeuse et exhaustive – ce qui n'exclut absolument pas la sincérité dans mon cas, au contraire –, tout mon ressenti positif, la reconnaissance et toutes ces choses qu'on a peur d'oublier pour remercier. Elle m'interrompit : « Pas la peine de me raconter une fois de plus ta vie pour dire merci, tu dis simplement : "Merci !" Juste ce petit mot de cinq lettres, pas plus, à chaque occasion du jour où c'est nécessaire… » Elle a tellement raison, le « merci », plus qu'une politesse, est un manifeste à répétition qui doit claquer à la face de ceux qui prennent sans jamais rendre.

Deux jours avant la date fatidique, Silvia affirme que je suis prête. Elle me prodigue les ultimes conseils pratiques, super pratiques : « Un : tu graves dans ta tête, en prenant la scène, que tous ceux qui viennent te voir te regardent comme quelqu'un de spécial. Tu n'es pas là par hasard, tu n'es pas un imposteur, mais tu es plus forte et convaincue que ceux qui sont là, passifs, devant toi. Deux : quand tu parles, tu tiens ton micro d'une main, l'autre main est relâchée sans agitation, tu respires normalement et tu balayes bien du regard toute la salle, de façon circulaire, lentement. Alors, dernier truc infaillible : juste avant de prendre la parole, tu auras repéré quelqu'un au hasard, ni trop près ni trop loin, dans le public. Ce sera ton point d'ancrage. Toutes les trente secondes à peu près, ton regard reviendra sur lui, ou sur elle, tu scruteras un millième de seconde son rictus, et tu repartiras pour un tour. Tu vas tout casser ! »

Le scénario et les dialogues de mon duo avec Sarah sont également prêts. Dernière répétition au téléphone, la veille de notre show. Sarah fait preuve d'une assurance et d'un relâchement communicatifs. Nous nous retrouvons le lendemain matin à la Cité de la mode et du design, vaste hangar postmoderne plein de béton et de tubulures, sorte de pastiche du centre Beaubourg, qui voit la Seine, à ses pieds, lui voler la vedette. Les loges où nous sommes appelées à nous préparer sont un joyeux bazar qui grouille d'une faune professionnelle de circonstance, au milieu du matériel de première nécessité, écrans relais dans tous les recoins, tables de prise de son, kilomètres de fils, maquillage, eaux minérales et viennoiseries à profusion. J'y repère quelques célébrités qui attendent leur tour avant de monter en scène, Yann Arthus-Bertrand, Fleur Pellerin, d'autres qui vont et viennent, fondus dans la masse, sans égard particulier. Cela ressemble à l'idée que je me fais du festival Coachella *backstage*, où je me suis juré d'aller un jour. Sarah porte une jupe et une veste très sages, un maquillage léger, très *executive woman* ; on a du mal à se figurer toute la rage qui l'habite quand elle monte sur le ring. Moi, j'ai revêtu un des sweats de ma collection naissante, sur lequel est inscrit mon mantra « *Together stronger* ». J'ai peut-être l'air d'une femme-sandwich en tournée promo, mais nous sommes là pour ça !

À 11 heures du matin, Sarah et moi montons sur scène, annoncées par les trois notes de l'intro de « *This girl* », le hit électropop bien ficelé de DJ Kungs. Cette musique va rejoindre ma playlist intime de talismans musicaux.

Comme prévu, je repère *illico presto* mon point d'ancrage dans la foule, qui est massive et bruyante, un millier de personnes à vue de nez dans ce hall immense. Un garçon qui pianote sur son ordinateur, donc stabilisé et prêt à prendre des notes, assis au troisième rang, sera secrètement l'élu.

J'interviens la première, Sarah m'emboîte le pas, fluide. Le dialogue s'installe en douceur, la foule n'est plus sonore. La note bleue est à portée de nos deux voix qui diffusent notre raison d'être ici, ce matin : n'abdiquer jamais, oser prendre des risques, entreprendre, partager… Il paraît que notre intervention fit partie des *highlights* de cette journée. Restons modestes et lucides, le chemin qui mène à l'accomplissement de tous nos rêves est encore long.

Lucide, je le suis. Je mesure quand même le chemin parcouru entre ma première vidéo KissKissBankBank, à la limite du psychotique ou simplement bâclée sans une once de naturel, et mon « quart d'heure de célébrité » de ce matin, pour paraphraser Andy Warhol. Ma transfiguration doit beaucoup à mes deux chamans, David et Silvia.

22. Le lien

C'est un grand honneur de gagner un Oscar,
mais je pense que, si vous ne visez
qu'à être récompensé dans votre vie,
vous n'irez nulle part.
La plus grande récompense est
le travail lui-même, ce que vous en retirez
et les liens que vous établissez
avec d'autres personnes.

Natalie Portman

À peu près à la même époque que mon fiasco à l'école de voile, mes parents m'avait inscrite aux cours de tennis du samedi après-midi. Je m'y rendais sans enthousiasme, sans déplaisir non plus, puisque j'y retrouvais trois copines de classe. En d'autres termes, afin de tromper l'ennui, nos mères s'étaient arrangées pour choisir le même club avec un lounge suffisamment confortable pour papoter en attendant le retour des championnes. Le prix de l'abonnement était modeste. Chacune des parties prenantes savait qu'il fallait toujours se tenir prête à résilier cet abonnement en cours d'année, sans que le dédit coûte trop cher, en cas d'abandon probable de la carrière en zigzag des sportives en herbe.

Or, des championnes, le gentil moniteur n'en avait pas repéré dans notre petit groupe de pipelettes, mères et filles confondues. Il faisait son boulot avec décontraction, libéré de la pression d'avoir à nous préparer à intégrer le classement ATP. Il avait en particulier remarqué que ma copine Olivia et moi étions inaptes au revers à deux mains, l'arme fatale des années 1990. Plier les genoux en souplesse, se contorsionner avant de déclencher le geste sans quitter la balle des yeux, c'étaient trop de choses à implanter dans nos logiciels paresseux. Alors, Gentil Moniteur préféra nous assigner des entraînements au double. J'aimais bien, cela signifiait moins de surface à couvrir, moins de courses et une économie de revers à deux mains. En effet, je me débrouillais sournoisement pour occuper la partie à droite du court ; ainsi, je pouvais m'abstenir de préparer mon revers en spéculant que ma copine, chargée du côté gauche, décocherait son coup droit à la place de mon revers anémique. Naturellement, l'anarchie s'emparait très vite du court, et les engueulades suivaient : « J'avais crié : "À toi !" Tu m'écoutes jamais… » Puis : « C'est pas vrai, c'est toi qui sais pas jouer ! », etc. Pour remettre de l'ordre dans la pétaudière, Gentil Moniteur avait trouvé une méthode très diplomatique et ludique. Il nouait une ficelle fine autour de nos tailles. Nous nous écartions l'une de l'autre de trois bons mètres, jusqu'à ce que le lien fût tendu entre nous. Le nouveau jeu consistait à bouger ensemble, à avancer au filet, à reculer, à tournoyer, toujours conjointement, sans que la cordelette se détendît à aucun moment. Frapper la balle devenait certes plus aléatoire avec ce dispositif dit « pédagogique », mais c'était dès lors accessoire, l'objectif prioritaire étant de rester liées à égale distance dans notre ballet, avec le tennis pour prétexte.

Ma boîte à souvenirs est très sélective. Elle est programmée pour ne retenir que les instants de joie, surtout depuis ma séquence tsunami. Je n'ai jamais revu Olivia. Si elle avait intégré le classement ATP, cela se saurait. Ce n'est pas le cas. Mais je garde vivace en mémoire le sketch de la ficelle qui nous liait, devenu métaphore.

Tout sauf une attache ou une servitude, mon lien aux autres est un trait d'union. Chaque mot compte, *trait* autant qu'*union*.

Après le succès de ma campagne de *crowdfunding*, véritable étincelle originelle de tout ce qui allait suivre, j'ai voulu célébrer le lien invisible, mais fort, qui m'unit à tous mes bienfaiteurs.

Une belle soirée de remerciement fut organisée le 20 mars 2016. Le lieu, tout d'abord, ne fut pas choisi au hasard. La galerie Li Edelkoort[25] est un espace extraordinaire, qui ressemble en tout point à sa conceptrice, artiste, créatrice, influenceuse, personnalité foisonnante, amoureuse de Paris, née aux Pays-Bas… généreuse aussi. Elle me fut prêtée en raison de la singularité de mon projet. Le mantra de Li Edelkoort est : « *It's a gift to be simple.* » Oui, c'est un don que d'être simple. Je ne suis pas certaine de posséder ce don. Enfin, si, je suis d'un cœur simple, je le revendique, mais faire simple ? C'est une autre affaire, c'est un défi que j'aimerais tant relever.

Tous mes donateurs, partenaires, KissKissBankers, blogueurs, amis, proches et les patients surtout, réunis ce soir-là, ont ressenti comme moi, avec moi, le beau karma du lieu et de l'événement. Chacune, chacun est reparti avec un petit présent dans un sac qui contenait une rose blanche ainsi qu'une carte sur laquelle était noté un des mantras empruntés à Bob Marley, le même que celui qui est inscrit sur les cartes que je glisse dans mes Fighting kits : « Tu ne sais jamais à quel point tu es fort, jusqu'au jour où être fort reste ta seule option. » Ça, je le comprends mieux que Nietzsche !

Le sac renfermait aussi un bracelet inspiré de ces bracelets Kabbale porte-bonheur, fine cordelette rouge à laquelle est accroché un médaillon doré qui clame, gravé : « *Never give up* ».

J'aurais tant aimé faire plus pour que chacun ressente, pleinement, toute ma gratitude.

Je fus exaucée quelques jours plus tard en recevant de toutes parts des posts Instagram illustrés de nombreux poignets inconnus, montrant mon bracelet devenu notre bracelet.

Me voilà convaincue que ce lien aux autres est la raison d'être de mon entreprise. Instagram en est l'instrument.

Pendant l'épreuve, Instagram a d'abord été le placebo essentiel qui empêcha mon cerveau de s'abandonner au lavage définitif que pouvait lui causer la pratique frénétique de Candy Crush. Moi, la lectrice boulimique en d'autres temps, je passais mes journées à faire exploser des bonbons de façon compulsive. J'ai atteint des niveaux de championne intercontinentale. Peut-être avais-je peur, si j'ouvrais des livres, de me projeter dans des univers de joie hors de portée ou, à l'inverse, dans les confins romanesques du désespoir. Je me suis souvent demandé à quoi un prisonnier pouvait occuper son temps pour tromper les heures. Certains cochent des bâtons par dizaines sur leurs murs ; moi, je faisais éclater des sucreries sur Android. Me connecter au compte Instagram des bien-portants, voir les émojis de la vie qui palpite, fut salvateur.

L'atmosphère d'Instagram me convenait, et me convient toujours, très bien. Les abonnés semblent avoir souscrit à une sorte de charte tacite pour éviter la malveillance et ne retenir que la part belle et positive de nos vies. D'autres applications ouvrent davantage leur porte à l'agressivité systématique ou à l'animosité. Moi, je n'en ai vraiment pas besoin, j'ai trop côtoyé la noirceur.

Instagram occupe, depuis la création de mon entreprise, la fonction de directeur commercial réseau et de service après-vente, tout à la fois ! Aujourd'hui, 70 % de mon chiffre d'affaires en découlent.

Par un beau jour de janvier 2017, je reçois un appel des responsables du groupe Facebook/Instagram France : « Sheryl Sandberg[26] sera de passage à Paris dans quelques jours, vous faites partie des quelques entrepreneurs choisis pour la rencontrer. Sheryl vient soutenir les programmes du groupe pour promouvoir l'entrepreneuriat digital et féminin… »

Je suis sidérée, ni dubitative ni anxieuse, simplement agnostique. Je ne peux croire à cet astéroïde tombé du ciel, ma boutique vient à peine de décoller. Sheryl Sandberg, numéro deux du groupe Facebook/Instagram, est chargée des opérations, autrement dit Mark Zuckerberg lui a confié le développement des ventes, le marketing, les relations publiques, les ressources humaines et la communication… pas moins ! On me propose donc de faire bonne figure face à une autorité tutélaire de la Silicon Valley, avant qu'elle ne rejoigne les maîtres autoproclamés du monde, à Davos.

Début 2017, c'est aussi l'époque où plein de choses se précipitent dans mon cerveau Magimix en ébullition. Ma préparation à la Journée de la femme digitale occupe notamment pas mal mon esprit et je n'ai pas encore rencontré Silvia pour attaquer mon coaching de confiance en soi. En attendant, j'appelle à l'aide ou je convoque, c'est pareil dans leur cas, Max et Mika, afin de me rassurer. Nous nous retrouvons à La Palette le soir même.

« Alors, Charlotte, c'est quoi, cette convocation, tout baigne ? s'enquiert l'un.

— Figurez-vous que je dois rencontrer Sheryl Sandberg dans huit jours. Vous la connaissez ? Vous en pensez quoi ? dis-je, candide.

— Ouais, ça tombe bien ; moi, je rencontre Mark Zuckerberg après-demain, j'lui en toucherai deux mots », persifle Max.

Mika renchérit :

« Et moi, y s'trouve que Monica Bellucci est un peu seule en ce moment, elle m'a appelé ce matin. Ce serait cool de prendre un verre avec Mark, Monica, Sheryl et nous tous à La Palette, la semaine prochaine… Tu es sûre d'avoir bien tout compris, Charlotte ? »

Je me vexe :

« Pas sympa, les garçons ! Vous me prenez pour une mytho ou une gourde, j'hésite ! J'vous dis que les dirigeants d'Instagram France m'ont invitée avec d'autres Instagrameuses à rencontrer Sheryl Sandberg, un point c'est tout !… J'aimerais bien que vous m'aidiez à préparer mon pitch… »

Et après un bref silence, Max de dire, soutenu du regard par Mika :

« Waouh ! C'est super, mais on sait pas trop quoi te conseiller, t'as pas vraiment besoin de nous, tu connais bien le business en ligne maintenant, fais simple et sois cash, les Américains sont pragmatiques, tu sais… et puis surtout, tu nous raconteras tout, en long et en large… »

Il ne m'en fallait pas plus. Les deux trapézistes sont comme toujours, disponibles, curieux, bienveillants, admiratifs peut-être, pas envieux une seule seconde. Ils ne m'ont rien dit de concret, mais leur présence et leur attitude valent tous les soutiens possibles.

Le 17 janvier 2017, de bon matin, je m'achemine vers un immeuble qui ne paie pas de mine, où loge The Family créée par Alice Zagury[27], accompagnatrice de start-up, mentor et conseil en stratégie. Je m'y rends le cœur plutôt léger. Cet « accélérateur de particules » niche dans mon quartier Marais-Bastille, au cœur d'un triangle formé par l'Opéra, la petite école de l'Ave Maria où, enfant, je traînais mon ennui et le Monoprix où je fais mes courses. Accessoirement, je croise le boulevard Bourdon, dont chaque arbre possède une carte de visite de Michka. Je suis donc dans de bonnes dispositions pour rencontrer la fameuse Sheryl, surpuissante autorité de la Silicon Valley, qui arrive sans fanfare en bas de chez moi. Je « joue à la maison », comme dirait tout commentateur de football qui ne craindrait aucun poncif.

Sheryl ne se présente pas en star, loin de là. Elle est habillée simplement, sourire de rigueur et regard habité d'une grande intelligence, dans lequel cependant, moi, la spécialiste HSP armée de son détecteur d'ondes, je décèle une forme de mélancolie. La réunion se déroule de façon agréable, le tour de table est alerte dans un langage inévitablement managérial, mais c'est sans importance. L'énergie du petit groupe est palpable et personne n'essaie de se mettre trop en avant ou de voler la vedette à quiconque. Ce serait benêt, et nul ne l'est dans cette salle de réunion ce matin.

Arrive mon tour, je suis la dernière à prendre la parole. Je me présente et me surprends à parler un anglais fluide, c'est-à-dire que je ne traduis pas du français dans ma tête, je m'exprime directement en anglais. Néanmoins, l'exercice tourne court. Avant que je puisse développer davantage mes convictions, mon projet, ma vie, mon œuvre… Sheryl m'interrompt en douceur pour souligner, dans son américain aux accents East Coast : « Je connais bien votre projet, on m'en a beaucoup parlé, très intéressant. » Je me prépare à quitter l'événement frustrée, alors je vais demander aux représentantes d'Instagram France ici présentes si j'ai loupé mon introduction. Elles me laissent sur un énigmatique, mais rassurant : « Non, non, Charlotte, au contraire, tout va très bien… »

Le même soir, je fus littéralement abasourdie et submergée de bonheur de voir que *Madame Figaro* avait mis en ligne une interview de Sheryl qui disait, au détour d'une réponse :

> *Il y a énormément d'histoires inspirantes sur la façon dont des femmes ont développé leur entreprise sur Facebook et Instagram. Une de mes préférées se trouve ici en France. Après avoir appris qu'elle était atteinte d'un cancer, Charlotte Husson a décidé de lancer Mister K, une ligne de produits de beauté et d'accessoires pour les femmes qui luttent contre la maladie. Près de 70 % de ses ventes proviennent d'Instagram, mais elle s'en sert aussi pour sensibiliser et conseiller d'autres personnes dans la même situation.*

Ce fut une parenthèse enchantée, même si ce n'est qu'une goutte d'eau dans l'océan, je le sais bien. Pas question de fanfaronner, ce serait déplacé et immodeste. Je ne suis pas dupe non plus. Sheryl est en tournée mondiale aux fins de développer son groupe et de justifier un modèle économique qui suscite controverses. J'entends tout ce que l'on reproche aux GAFA, y compris leur agilité pour éluder l'impôt dans des pays comme le nôtre. J'entends les commentaires de certains qui redoutent des comportements de sectes conquérantes au sein de ces machines redoutablement efficaces. Tout cela, je le ressens comme vous. Mais il nous faut aussi admettre que nous nous accommodons parfaitement des facilités que procure ce maillage planétaire de services et d'informations, y compris au profit de ses détracteurs, lesquels ne manquent pas d'exploiter cette immense caisse de résonance pour partager leur bile ou leur aversion contre un monde décloisonné. À chacun ses contradictions. Il n'existe pas de progrès absolument vertueux. Il n'y a pas de progrès possible sans discernement. Aurait-il fallu que Gutenberg renonçât à inventer l'imprimerie parce que le besoin démultiplié de papier induisait la déforestation ? Aurai-je le cran de ne plus tirer parti d'Instagram et des réseaux sociaux, au motif que des algorithmes sans conscience sont prompts à censurer *L'Origine du monde* de Courbet, mais sont bien inconséquents face à la boue et à la terreur qu'ils laissent filer, au nom, paraît-il, de la liberté d'expression ? Fallait-il que je renonce à la chimio en raison de ses effets secondaires, qui ne sont pas anodins, croyez-moi ? J'aime trop la vie et, finalement, j'aime bien ce monde imparfait, plein d'intenses logiques contradictoires, de complexités et de fureur, qui pourtant offre à tout instant un nouveau défi à relever pour le rendre meilleur.

Je n'arrive pas à me convaincre, contrairement à certains, que la Sheryl Sandberg à qui j'ai serré la main ce matin soit le docteur Folamour des réseaux sociaux, vous savez, ce savant devenu fou qui prônait un monde totalitaire en menaçant de faire parler des bombes apocalyptiques. Je gage qu'il y a de l'humanité dans ce regard vaguement mélancolique que j'ai scruté ce matin. Son livre, *Option B*, qui sera publié en cette même année 2017, me fournira la clé. À la suite du décès brutal de son mari dans des conditions tellement stupides, en salle de gym, Sheryl a été anéantie. « J'étais dans un néant, un vide abyssal qui envahit le cœur et les poumons, qui limite la capacité de penser et même de respirer… », écrit-elle. Mon immodestie n'ira pas plus loin que me reconnaître dans ses mots et son chemin de résilience. Et puis, dans une autre vie professionnelle, Sheryl Sandberg s'est engagée pour la Banque mondiale dans des programmes de lutte contre la lèpre et le sida en Inde et a notamment milité au sein de l'administration américaine en faveur d'un allègement de la dette des pays en voie de développement. Non, je ne parviens pas à envisager qu'à ses yeux le capitalisme sauvage puisse créer la moindre valeur humaine. Elle croit en revanche au mouvement, à la prise de risque, à l'engagement pour une cause, à la promotion des femmes, à la réussite, mais aussi aux remises en question si les choses dérapent… Seul un lien aux autres permet tout cela – « *Together stronger* », quoi !

23. Chrysalide

Ce dont nous avons besoin est d'aimer
sans nous épuiser.

Mère Teresa

Fin 2017, je boucle mon premier exercice comptable. Tout va bien. Je ne me grise pas de mes succès médiatiques éphémères. Dans le silence de mon bureau-atelier-capharnaüm, les points d'attention du banquier d'Axe Capital et de mes deux trapézistes sont solidement ancrés : « Le plus important est ton besoin en fonds de roulement… y va pas falloir carboniser le pognon que tu n'auras pas encaissé au fil de ton développement, etc. » Amen ! J'ai bien serré les vis et je n'ai pas flambé.

Juridiquement, on me dit indépendante. Il ne faut toutefois pas se fier au Kbis qui affiche mon statut de « société par actions simplifiée unipersonnelle ». Indépendante et unipersonnelle ? Pas un seul instant. Je suis très exactement interdépendante et tournée vers les autres, dont je dépends. Pas indépendante, mais libre, ce n'est pas un paradoxe.

J'avais jusqu'alors tendance à croire qu'être libre, c'était faire ce qu'on veut quand on le veut, comme on le veut, sans entraves, sans comptes à rendre à quiconque, avoir des « semelles de vent » comme Rimbaud. Le tsunami du K a emporté cette pulsion adolescente de liberté fantasmée. Depuis, l'esprit d'entreprise s'est emparé de moi pour ne plus me lâcher, au point que j'ai découvert une autre liberté, tangible, empreinte de résonances et de responsabilités. Être au rendez-vous de mes objectifs, ne pas sortir de la route, ne pas devoir fournir d'explication parce que bonne du premier coup, luxe inouï que de ne pas avoir à justifier une incartade, sans compromis, s'endormir avec le sentiment d'avoir donné sens à la journée qui s'achève… épuisée, mais libre ! Oui, libre, avec cette sensation enivrante de marcher en équilibre sur un fil dans le vide. Si je regarde mes pieds, je suis prise de vertige, si je me tourne vers le ciel, les points d'appui me manquent, alors j'avance en fixant l'horizon. C'est sûrement ça, être libre : être responsable de progresser sur un fil dans le vide. Pas la peine de plonger dans le Jean-Paul Sartre des *Chemins de la liberté*, survolé en terminale, pour ressentir que la liberté fleurit toujours sous la contrainte.

Mister K Fighting Kit est une marque engagée et responsable, que j'ai voulue et créée depuis l'origine de mon action. Elle héberge la conception, l'assemblage et la diffusion des box qui contiennent autant mes astuces que les convictions que je me suis forgées pendant mes deux années de lutte contre la maladie. Elles incluent aussi les produits des magnifiques partenaires qui m'ont soutenue dès le premier jour, sans négocier ni exiger de contreparties commerciales.

Bioderma, Dermagor, Dermophil, Eau Thermale Avène, Évaux Laboratoires, Guerlain, Kamlaflor, L'Atelier du Sourcil, L'Atelier Maquillage, Laboratoires ASEPTA, La Roche-Posay, Lili Sohn, Même, Merci Handy, RevitaLash, Uriage, Zelda Citroën, vous êtes intimement liés aux valeurs et à la légitimité de ma marque. Ma gratitude est infinie.

Toutefois, au cours de cette année 2017, au milieu de l'immense concert des gens bienveillants de la communauté des patients et de leurs proches, de petites voix dissonantes montent à moi à travers les mailles des réseaux. Pour elles, ce que je fais ne serait qu'entreprise commerciale tournée vers le profit. Ces échos réprobateurs se retiennent d'enfoncer le clou en s'abstenant de préciser « sur le dos des malades », mais la seule suggestion est pire.

J'ai beau plaider qu'avec mes partenaires nous avons voulu proposer à la vente des écrins de douceur, vertueux et modiques, dont le coût global est très inférieur au prix de chaque produit au détail… j'ai beau faire valoir ma sincérité et le partage de mon expérience vécue… j'ai beau être peinée de cette aversion pour l'esprit d'entreprise solidaire… me voilà déjà en position de justification. Sans que j'aie à les solliciter, de belles âmes viennent à mon secours sur Instagram. Cela m'apaise. Le concert peut se poursuivre.

Il paraît cependant que tout chef d'orchestre est capable de détecter l'infime fausse note du clarinettiste retranché derrière son pupitre, au cinquième rang. Le flot harmonieux de l'ensemble a déjà digéré la minuscule fausse note, sûrement imperceptible pour le public conquis. La partie et la partition continuent à se jouer, amples et irréversibles, comme si de rien n'était. Et pourtant, à l'intérieur de ce tout, il reste entre deux musiciens la trace d'une imperfection. Le fautif sait qu'il a été repéré et le chef n'aura de cesse qu'il n'ait trouvé pourquoi il y a eu fausse note et qu'il n'en perçoive plus. L'intransigeance face à ce dysfonctionnement minime et accidentel est néanmoins le prix à payer pour évoluer dans leur monde fait de justesse et de passion.

Ces voix dissonantes sont très peu nombreuses, moins d'une dizaine peut-être, mais suffisantes pour faire grimper dans le rouge mes deux curseurs les plus sensibles : culpabilité et sentiment d'injustice. Je suis secrètement affectée. Un autre événement va me frapper bien plus en profondeur.

Le 9 juin 2017, je me rends à Bordeaux, à la suite de l'invitation des laboratoires La Roche-Posay du groupe L'Oréal.

Je vais y retrouver une dizaine d'anciennes combattantes pour partager nos expériences vécues avec des dermatologues, des ostéopathes, des kinésithérapeutes, des socio-esthéticiennes enrôlés par les laboratoires. Nous contribuons à l'amélioration de leur gamme en devenant de manière implicite des ambassadrices de la marque. Je me moque de l'aspect commercial indirect de l'événement, et à aucun moment je ne ressens la moindre gêne à promouvoir l'effet utile d'un produit, dont je fus utilisatrice compulsive de la tête aux pieds pendant l'épreuve, sur nos camarades de lutte toujours en souffrance.

Voir dans ces grands groupes des machineries de performances et de conquêtes implacables est un lieu commun ; c'est cependant en partie vrai, la concurrence et la compétition mondiales n'invitent pas au romantisme. Des *games of thrones* se jouent tous les jours entre ces entités comme entre les petites sociétés, du reste, c'est inévitable. Mais moi, je sais que ces géants sont aussi composés d'êtres humains dont les chemins de vie peuvent être lumineux à l'intérieur de la superstructure. J'ai eu la chance de croiser leur route au sein des laboratoires La Roche-Posay et de la Fondation L'Oréal. En réalité, je ne crois pas au hasard, je me fie davantage aux connexions affinitaires. Je suis persuadée que les lumineux possèdent des antennes leur permettant de détecter et de coopter leurs semblables. On doit, hélas ! admettre que les tordus fonctionnent entre eux de façon identique. Il faut juste s'organiser pour éviter ces derniers ou les mettre au coin avec un bonnet d'âne.

En ce beau jour de juin pourtant, un inconfort s'installe vite en moi. L'exercice est appelé « retour sur expérience ». Je ne me formalise pas de cette qualification qui appartient au champ lexical de toute réunion avec ou sans PowerPoint. Or le mot *retour*, lui seul, me fait l'effet d'une torpille qui aurait fait sauter les vannes des barrages que j'avais patiemment dressés afin de contenir le réveil des démons. Ils sont ce matin réapparus avec une violence que j'ai du mal à dompter. Je n'ai pourtant pas été prise au dépourvu, je connaissais le thème de notre réunion : « La cicatrisation pendant et après un cancer ». J'ai accepté cette rencontre comme un devoir moral, mais je craque ! Je revois et revis l'enfer et l'impudeur de ma stomie, les souffrances ininterrompues avant, pendant et après mes six opérations, les cicatrices qui s'éveillent à présent sous mon sweat-shirt et puis, surtout, la peur d'un « retour » du K tapi dans l'ombre. Je sors de la salle furtivement, éclate en sanglots, reviens vite pour donner le change. Trop tard.

Les préceptes de Silvia, qui m'ont portée avec succès sur le ring de la Journée de la femme digitale en mars dernier – c'était hier –, n'ont pas cours ici et maintenant. Impossible, physiquement et mentalement, de colmater les brèches causées par ce « retour » en arrière.

Les intervenants, sincèrement bienveillants, ont-ils perçu mon désarroi ? Mes copines de régiment bluffent-elles ou bien sont-elles plus solides que moi pour affronter sans ciller ces questions précises, crues, prosaïques, paramédicales, qui toutes renvoient à nos chemins de croix individuels ? Je les trouve magnifiques de pouvoir parler vrai, alors que, ni plus ni moins que moi, elles attendent tout de la vie, suspendues sur le fil si fragile tendu entre peur et fol espoir. J'ai essayé d'être à la hauteur de tant d'attentes, de vouloir repeindre en bleu leur/notre quotidien, de métamorphoser la lancinante réalité. Mais voilà ! Tout ce que je sais faire, c'est leur vendre des box contenant des astuces et des soins apaisants ou cosmétiques, qui leur permettent de rester dignes et coquettes, c'est déjà ça ! Cela, néanmoins, ne me suffit plus, et j'en souffre.

Au retour, le soir même, dans mon TGV, j'étais une loque, prostrée en boule sur mon siège de Bordeaux à Paris, incapable de pianoter sur mon smartphone, c'est vous dire. Le trajet d'à peine deux heures m'a paru une éternité avant de retrouver Michka, mon chez-moi et tout l'environnement joyeux que j'ai construit pour échapper aux griffes du K qui est encore capable de me broyer l'âme et le cœur comme aujourd'hui.

En traversant la Loire sur mes rails à grande vitesse, je prends une décision. Le fleuve n'y est pour rien, si ce n'est qu'il coule entre deux rives de notre belle France du Val de Loire, qui me renvoie à des évocations d'enfance. Chenonceau et ses jardins, Chambord et *Peau d'âne* avec Catherine Deneuve, bien sûr ; mes souvenirs de visites des lieux culturels ne sont pas tous associés à la grande histoire. Le Clos Lucé est moins cinématographique, c'est pourtant dans ce château sans ostentation qu'un des génies de notre humanité, Léonard de Vinci, termina son œuvre extraordinaire et ses jours. Le grand homme n'a rien à voir avec ma résolution qui n'est ni géniale ni grandiose. Je ne vais pas continuer avec mon blog dédié au cancer et ma marque Mister K Fighting Kit de box beauté. Je n'en peux plus d'être sans cesse renvoyée à ma condition de miraculée sursitaire.

Jusqu'au week-end, je vais mûrir ce dessein et échafauder la suite. J'ai toujours été seule au monde pour prendre des décisions difficiles ; bien entourée, mais seule. Nul ne se doute qu'un orage se prépare dans le ciel bleu. Et puis, une fois que ma décision est arrêtée, comme un soulagement, tout devient limpide et facile, ce sont alors les autres qui la trouvent incongrue, incompréhensible, risquée, et qui se tourmentent à ma place… Il ne faut pas vaciller. C'est une évidence, je veux continuer résolument d'entreprendre pour donner sens à mon aventure, faire le bien, mais... autrement.

Une chenille ne meurt ni ne se sacrifie pour devenir papillon, elle mue en passant par une phase délicate, poétique, sa chrysalide. À l'issue de cette mutation émerge le papillon, c'est ainsi depuis la nuit des temps. Et la Fleur fit cette remarque au Petit Prince :

> *Il faut bien que je supporte deux ou trois chenilles si je veux connaître les papillons. Il paraît que c'est tellement beau. Sinon qui me rendra visite ?*

24. Papillon

Même pour le simple envol d'un papillon,
tout le ciel est nécessaire.

Paul Claudel

Fin 2017, j'organise la transition de Mister K Fighting Kit que je décide de scinder en deux activités ; d'un côté, le blog et les box et, de l'autre, la seconde marque embryonnaire qui va porter toutes mes aspirations et ma passion : créer une ligne singulière de vêtements et d'accessoires qui ait un sens autre que flatter le cerveau reptilien des fashionistas. Cette seconde marque va s'appeler Mister K, tout simplement. Dans ma tête, elle se nomme ainsi depuis longtemps, mais papillon a dû attendre son heure sans forcer chrysalide.

Instaurer cette transition dans des conditions dignes est mon unique objectif. Néanmoins, il y a forcément quelques subtilités techniques à observer. Une fois encore, je fais appel aux avis de mes conseillers captifs :

« Tu as raison, Charlotte, tu ne peux pas gérer seule deux marques à la fois. Tu vas faire un spin-off avec la première et puis tu changeras tes statuts…

— Vous me soûlez, les gars, avec vos termes nazes de traders ! J'vous dis que je cherche des gens bien pour reprendre mon activité de box, pour continuer à faire du bien aux malades. Elles s'badigeonnent pas avec du spin-off, les patientes, mais avec des produits qui leur donnent une raison de repartir au combat tous les matins…

— Pardon, Charlotte, on avait compris que tu voulais ouvrir ton capital… »

Je m'en veux d'avoir réagi avec colère contre mes deux crèmes d'amis ; ils le ressentent, donc ils ne m'en tiennent pas rigueur.

« Désolée, Max et Mika, j'voulais simplement vous annoncer que je cherche à transférer pour un euro mon activité et mon stock de Fighting kits à une fondation qui va reprendre le flambeau pour moi…

— Mais ça, c'est une super bonne idée, Charlotte ! Tu vas même pouvoir le déduire fiscalement… »

C'est plus fort qu'eux, ils sont sensibles avec un cœur énorme, je le sais, mais ils sont entraînés à penser business tout le temps.

« Vous vouliez dire que c'est une super bonne action, non ? »

Nous en resterons là de cette joute de principe.

À l'heure où j'écris ces lignes, des gens bien m'ont approchée pour reprendre le flambeau. De tout mon cœur, j'aimerais que cela réussisse. Mister K Fighting Kits chrysalide ne peut pas demeurer au bord du chemin ; de son côté, Mister K a pris son envol en janvier 2018. Je n'ai pas vu le temps passer.

Je suis styliste et créative depuis bien longtemps, depuis bien avant mon tsunami. Le bac fut obtenu honorablement avec une mention miraculeuse. La philo et les langues vinrent compenser quelques défaillances dans d'autres matières que je vous laisse imaginer. Inscrite en fac de droit, essentiellement pour accompagner trois copines qui semblaient sincèrement attirées par les métiers de justice, je suivis le mouvement et la norme comme on entrerait dans les ordres sans avoir la foi.

Grâce au pécule de mes baby-sittings et de mes piges d'hôtesse, je m'étais offert un petit scooter 49 cc, afin de me rendre plus facilement à l'amphi de Paris-II, situé à l'autre bout de mon Paris, rue de Vaugirard, à proximité de la porte de Versailles.

La sensation d'indépendance et de liberté que me procurait l'engin – mon premier véhicule terrestre ! – était assez enivrante. Il faut dire que le bolide savait ce qu'était l'ivresse. Avant d'être racheté pour une somme symbolique à mon copain X – je ne livrerai pas son prénom par charité –, ce scooter fut très souvent abandonné dans un caniveau, entre le Back Up de la rue de la Croix-Nivert – la boîte, judicieusement fermée aujourd'hui, où se défoulaient cancres et énergumènes de mon âge – et les cellules de dégrisement des commissariats de tout quartier, qui accueillaient sans trop de ménagement mon pote. Dans un éclair de lucidité ou, plus sûrement, sous la pression salvatrice de ses parents, X finit par me céder son scooter.

Mon vain projet de cursus juridique dura exactement trois mois. J'étais perdue. J'avais commencé à m'éloigner de mes copines. Elles se montraient tellement assidues et impliquées, adoptant tous les codes, les langages et les signes d'appartenance à leurs carrières naissantes, élargissant leur cercle aux membres de leur nouvelle tribu qui comptait quelques beaux gosses très codés eux aussi. Un jour, la tête ailleurs, j'ai omis d'y retourner, ce fut tout.

Pour la forme, mes parents ont menacé de m'obliger à revendre le scooter, mais ils ne sont pas autoritaires, encore moins mesquins. J'ai gardé l'engin en contrepartie de la promesse d'entreprendre quelque chose qui me plaise, à fond. Il a dû leur en coûter de me laisser au guidon du deux-roues, tenaillés par la peur de l'accident, car à Paris les statistiques de la sécurité urbaine ne plaidaient déjà pas en faveur des deux-roues, bien avant la prolifération des trottinettes anarchiques et électriques. Mais bon ! Il ne dépassait pas les 40 kilomètres à l'heure vent dans le dos, et ils étaient assurés du fait que je ne prenais aucune substance prohibée. Alors, en route pour d'autres études !

Ce qui me plaisait depuis toute petite, je le savais pertinemment, c'était dessiner et créer – facile, non ?

J'ai adoré les deux années qui suivirent. École préparatoire à l'Atelier de Sèvres et formation du Studio Berçot[28]. Foisonnement créatif, cosmopolitisme, quelques profs gentiment allumés, d'autres, anciens combattants de la mode et du design, c'était bien.

Puis, diplôme en poche, il fallut enchaîner les stages. Aucun n'a été une purge, au contraire, tous furent sources de découverte, le dernier chez Bonpoint en particulier. Organiser des castings-shootings avec des gamins de cinq ans en mode volière de jolis moineaux fut un test de patience et d'autorité. Ironie de l'histoire, moi, le désespoir de tout moniteur à l'âge de ces moineaux, j'étais comme promue monitrice BAFA et gardienne au Jardin d'acclimatation au sein de la maison Bonpoint. Par-dessus tout, les dirigeants et le corps social de l'établissement étaient de qualité. En contrepartie, je restais tard le soir à m'imprégner du savoir-faire des équipes, entre le bureau des stylistes et la production, j'écoutais tout, je notais tout, me rendais disponible, parce que bien considérée… Tiens, tiens ! Aurais-je déjà perçu que l'image d'une marque est intimement liée au facteur humain, du P-DG à la standardiste et de la standardiste au P-DG ? Assurément.

Fin 2010, je décroche un job, mon premier job, chez Heimstone, jeune marque d'une jeune créatrice imaginative qui m'attire. Je suis nommée assistante styliste en CDI, contrat à durée indéterminée, quoique je sois très déterminée. J'acquiers de plus en plus d'autonomie. En réalité, je dessine peu, mais je découvre la nécessité – et la satisfaction – d'être « couteau suisse », agile et manœuvrante dans une petite structure. Je m'investis dans le métier du sol au plafond. Je cultive la relation avec les fournisseurs et les artisans, sans la moindre stratégie personnelle en vue de constituer un réseau ou un carnet d'adresses, simplement parce que je les apprécie. Ils ne m'oublieront pas. Le business est une question d'âpres négociations, de concurrence, de calculs de marges, c'est ainsi depuis que le monde du commerce est monde, mais tous les acteurs de ce système aride se tireraient dans le pied s'ils n'étaient d'abord des hommes et des femmes capables de loyauté, d'affect, de lien, de respect de la parole donnée et du travail bien fait… Au gré de mes tribulations au marché Saint-Pierre, au salon de Villepinte, dans les usines ou les ateliers en France, au Portugal ou en Pologne, là où aujourd'hui je fais fabriquer mes collections, je l'ai vue, les yeux dans les yeux, toute cette valeur ajoutée née du facteur humain.

Mon CDI chez Heimstone prit fin le 16 mars, sans amertume ni reproche[a]. Le temps n'était plus aux bilans ou aux inventaires, la maladie venait de tout emporter. Je vous ai aussi tout dit[b] de ma rencontre enchanteresse avec Morgane et Sézane, sa marque, à mon retour à la vie.

J'ai plus de souvenirs que si j'avais mille ans.
Un gros meuble à tiroirs encombré de bilans,
De vers, de billets doux, de procès, de romances,
Avec de lourds cheveux roulés dans des quittances[c].

---

a. Comme je l'évoque au chapitre 16, dans l'épisode Pôle emploi.
b. Dès le chapitre 4.
c. Baudelaire, « Spleen », in *Les Fleurs du mal.*

En 2018, l'heure n'est plus pour moi au spleen. Depuis ma sortie du Studio Berçot, je mesure toute l'expérience que j'ai capitalisée dans le milieu. Mais j'ai aussi métabolisé tant de résilience et d'aspiration à un monde meilleur, pour les autres et pour moi-même, que, aujourd'hui, je sens les astres s'aligner harmonieusement. Mon rêve en ce début d'année est de lancer la marque qui sera le reflet de toutes ces images et ces idées qui sortent de ma lampe d'Aladin en se bousculant. Dès janvier, j'ai déposé ma seconde marque à l'INPI, Mister K, une enseigne de « fringues » de plus, me direz-vous ! Peut-être, mais pas seulement.

J'aurais été dans l'incapacité de planifier de façon méthodique la création de Mister K, tout simplement parce que je ressentais, instinctivement, et je le ressens encore plus aujourd'hui, qu'une marque trouve sa légitimité au fil de l'eau, essentiellement nourrie par la qualité du produit et la sincérité de son créateur, hors intervention de tout tableau Excel. En tant que consommatrice, je suis fatiguée de subir le diktat des marques qui s'imposent comme une armée napoléonienne en campagne. Je ne me reconnais plus guère dans les marques nées au forceps à l'occasion de réunions d'états-majors formatés par le marketing et la pub, à coups de budgets extravagants.

Sens, authenticité, transparence, effet utile, liens forts avec mes clientes qui sont d'abord les parties prenantes d'un compagnonnage fondé sur un sentiment d'appartenance à un mouvement… voilà ce que me souffle mon bon génie quand je l'appelle en touchant la lampe d'Aladin.

Aux alentours d'avril 2015, alors que mon projet de Fighting kits occupait mes jours et mes nuits, je partis flâner dans Paris, en quête d'inspiration et de consolation

– cette année-là avait commencé par tant de fureur et de larmes –, pour me retrouver chez Colette, le mythique *concept store* malheureusement fermé depuis décembre 2017. Blair Chivers[29] y était présent. Artiste designer, Blair pratique la sérigraphie et les mantras comme un art de la trace. M'inspirant de sa série « Life is great », je lui fis sérigraphier un vieux sweat Uniqlo avec pour mantra « *Never EVER give up* ». Le selfie qui me présentait portant la chose fut mis en ligne le soir même sur Instagram, sans autre arrière-pensée que susciter des *likes* complices et une guirlande d'émojis. Échos immédiats, positifs, enjoués, nombreux surtout – un déclic venait de se produire.

Depuis, les mantras sont inscrits dans le code génétique de Mister K et cousus de façon quasi chamanique sur chaque vêtement.

« *Never give up* », « *Together stronger* », « *Happiness therapy* », « *Hope* », « *Dream big* », « Ose », « Libre », « Audacieuse », « Engagée »... D'autres vont venir pour former une vibration unique et continue, l'essence même du mantra.

Mon pote, celui que je suspectais de mieux connaître le chemin qui mène au Buddha-Bar de la rue Boissy-d'Anglas que les voies cosmiques de Guru Rinpoché, me dit bien que, dans toutes ces fascinantes religions animiques, les mantras sont essentiels en tant qu'incantations qui éveillent les forces de l'esprit. Aurais-je sous-estimé sa spiritualité ? Je m'en voudrais !

Certains ne verront dans mes mantras qu'un slogan publicitaire. Dommage ! Il faut parfois oser regarder derrière le voile des apparences pour découvrir des univers insoupçonnés. Je promets désormais de faire de même avec mon pote du Buddha-Bar.

Je voulais donc, intuitivement, que ma marque n'ait de sens que si elle était capable de diffuser les images mentales et les mots qui nous ressemblent et nous rassemblent.

Work in progress rejoint la liste des mots anglais qui sont mal servis par leur transposition en français. La traduction littérale serait « chantier en cours », comme ces chantiers qui nous irritent sans préavis au détour des rues de Paris. Au-delà d'un simple « chantier en cours », l'expression met en avant le travail (*work*) et la progression, le mouvement, l'avancée (*progress*). En résumé, mon bureau-atelier-capharnaüm est un « chantier en cours » et la construction de Mister K, un *work in progress*, vous voyez la nuance !

Rien ne me donne plus de joie avec Mister K que de lire les commentaires bienveillants et de ressentir le vibrato de mes *followers*. Parmi ces derniers et ces dernières, il y a des clientes fidèles, épisodiques ou potentielles. L'idée de les faire participer à la construction de Mister K a germé avant de s'imposer comme une évidence. Cette marque est désormais coélaborée par vous et moi. La fertilisation croisée de toutes nos aspirations se retrouvera dans les lignes de vêtements que vous aimerez. Je voudrais être la meilleure interprète de vos besoins quand vous composez votre vestiaire. Et je serai celle qui ajustera, modifiera, remboursera le cas échéant, le produit qui est le vôtre. La sincérité n'a pas de prix.

Alors, bienvenue à notre *work in progress* ! Il vous sera possible de lire sur mon blog ou en *stories* toutes les étapes de la conception-fabrication de nos collections. Vous pourrez donc intervenir dans le *process*, suggérant couleurs, matières, coupes.

Vous êtes conviées à y découvrir également les portraits et les interviews de celles et de ceux qui sont poussés par cette flamme que rien n'éteindra, afin de rendre ce monde meilleur.

Et puis, la Dream Big Factory vient d'ouvrir pour vous. À intervalles réguliers, vous viendrez écouter des intervenants, vous débattrez, vous échangerez points de vue, colères, interrogations ou visions d'espoir… la part la plus vibrante de la vie, quoi ! Faite de connivence, d'altruisme, avec sa dose de mystère et d'inconnu.

Nous nous retrouverons aussi dans des *pop-up stores* ou lors d'événements organisés en collaboration avec des marques qui nous ressemblent.

Voilà, les Fighting kits se sont doucement métamorphosés en Mister K, vestiaire engagé, mais avec une raison d'être inchangée : dire ce qu'on fait, faire ce qu'on a dit, faire du bien, faire le bien, le faire bien.

Cinq pour cent du produit des ventes sont versés chaque mois à l'hôpital Gustave-Roussy, premier centre de recherche contre le cancer en Europe[30], soit 20 000 euros à ce jour – pas encore assez !

Non, franchement, je n'arrive pas à me résoudre à ce que Mister K ne soit qu'une marque de « fringues » de plus.

J'aimerais tant qu'on voie la substance et la trace avant l'étiquette.

25. La trace

Un poète doit laisser des traces de son passage, non des preuves. Seules les traces font rêver.

René Char

Après la voile et le tennis, le ski fit partie des disciplines dans lesquelles je n'ai guère brillé, pour la même sempiternelle raison : je n'ai jamais cessé d'être rétive à l'idée de pratiquer des activités où la technique et l'abnégation sont plus importantes que l'instinct. Mais j'ai aimé le ski, appris sur le tas, saison après saison, au contact de mes copains et de mes copines surtout, parce que bavarder entre filles sur un télésiège (les adeptes de l'exercice disent aujourd'hui « bitcher les copines » pour être au plus proche de la réalité !), puis glisser, toujours en parlant, sur du blanc soyeux sous un ciel uniformément bleu comptait parmi les plaisirs épisodiques de ma vie d'avant. Je n'ai depuis jamais rechaussé les skis, la crainte de me disloquer en chutant et de me retrouver une nouvelle fois aux urgences l'emporte pour le moment. Je suis pourtant certaine que le besoin de respirer de l'oxygène pur en glissant va de nouveau s'imposer un jour prochain. En attendant, les souvenirs d'altitude sont vivaces, en particulier l'un d'eux.

Il existe dans les Alpes, au beau milieu des Trois-Vallées, un sommet appelé la Saulire, qui culmine tout juste à 2 500 mètres et qui est à la montagne ce que la station Châtelet-Les Halles est au métro-RER, c'est-à-dire un monumental point de convergence de lignes, où téléphériques et télécabines déversent des masses de gens qui paient pour passer, sans transition, de la claustrophobie au grand air avant de rentrer au bercail dans l'une des stations locales. Cependant, juste à côté de cette gare des cimes se trouve un endroit quasi mythique et sauvage qui porte le nom de

Grand Couloir. Aucun téléski ni engin n'y accède. C'est pourquoi il attire une infime poignée de seigneurs de la glisse extrême, qui acceptent de crapahuter longtemps sur la crête pour avoir le privilège de se jeter littéralement dans le vide du Grand Couloir, évidemment bordé de rochers sournois, histoire de faire grimper l'adrénaline à son pic, avec ce sentiment jouissif d'appartenir à la caste exclusive des trompe-la-mort. Une dizaine à peine de ces seigneurs s'y aventurent en saison, comparée aux milliers de touristes qui descendent par grappes sur la piste aménagée et balisée, en bas du Grand Couloir.

Un beau jour, en compagnie de ma copine Victoire, nous glissions mollement sur cette piste-boulevard avant de regagner la station où nous attendait une crêpe au Nutella bien méritée – l'huile de palme n'était pas un sujet d'inquiétude à l'époque. La préparation du bac de français nous attendait aussi au retour à Paris, mais elle n'était pas davantage matière à s'émouvoir en cette journée d'oxygène et d'insouciance. Nous repérons un groupe compact de badauds plantés, nez en l'air, au pied du Grand Couloir. Parmi eux se trouve une célébrité locale, un moniteur de ski, accompagné de ses cinq ou six clients. Il porte beau dans son uniforme rouge étincelant aux armes de l'ESF, l'École du ski français, que je n'ai pas plus fréquentée que l'école de voile. Il s'appellerait Popeye dans *Les bronzés font du ski* ; ici, il se nomme Jeff, don Juan des cimes en haute saison, chic type dans la vallée le reste de l'année. Nous nous arrêtons, évidemment, curieuses comme des chouettes.

« Salut, Jeff ! Keskispasse ?

— Salut, les filles ! Y s'passe qu'un gars, là-haut, va s'lancer dans le Grand Couloir. »

Pourquoi un gars, d'abord ? Pourquoi pas une fille ? Nous ne relevons pas ce préjugé.

C'est alors que le gars supposé, forme minuscule haut perchée, décide de basculer dans le vide. Au départ, on aperçoit quelques zigzags un peu hachés, déclenchant de petits paquets de neige qui retombent en poudre. Puis la silhouette se fait plus précise et ses mouvements prennent de l'amplitude. À mi-distance, le vide devient pente et les rochers se sont écartés. Le gars – on suppose toujours que c'est un gars – a alors pris beaucoup de vitesse et il dessine des courbes parfaitement rythmées en accélérant de plus en plus. Arrivé en bas, il amorce un dernier virage et glisse en trombe devant les badauds immobiles – oui, c'est bien un garçon – sans leur jeter le moindre regard. Il continuera tout schuss vers la station, comme s'il était seul au monde. L'exploit a duré trois minutes à peine, mais celles-ci furent intenses. Les observateurs ont applaudi au passage du skieur de l'extrême.

Je n'ai pu m'empêcher de dire à notre Jeff, totalement admirative et le souffle coupé : « Non mais, Jeff, t'as vu c'qu'il vient d'faire, le garçon ? » Réaction de Jeff : « Ouais, on l'connaît, ce gus. Il envoie du gros bois… mais y s'retourne même pas pour regarder sa trace. » Attention, traduction et interprétation sont requises.

Tout d'abord : « On l'connaît, ce gus. » La formule dénote une pointe de mépris. On est sûrement informé du prénom dudit « gus », mais pas question de faire preuve de complicité ou d'admiration pour un garçon qui skie bien mieux qu'un honnête moniteur. Pire, si ça se trouve, le gus n'est pas du coin, il pourrait être canadien ou américain, venu d'une des nations qui produisent le plus de têtes brûlées dans la discipline. Le standing de l'ESF est en jeu.

Puis : « Il envoie du gros bois. » Expression savoyarde évoquant sans doute les grosses bûches que l'on met dans la cheminée pour faire un feu d'enfer, à moins qu'il ne s'agisse de la chaudière d'une locomotive à vapeur. Dans tous les cas, on vise une image de puissance infernale.

Enfin : « Y s'retourne même pas pour regarder sa trace. » Métaphore ardente et irréfutable, Platon n'est pas loin. C'est aussi une sentence. Jeff vient d'accuser le gus d'être une sorte d'intégriste. C'est bien beau de faire le malin à prendre des risques insensés, il y a trop de condescendance et de complexe de supériorité à ne même pas adresser un petit signe, en levant son bâton de ski, pour saluer l'ESF et les badauds admiratifs. Et puis, l'esthétisme commanderait de marquer une pause à l'arrivée en jetant un coup d'œil derrière soi, afin d'apprécier sa trace, de vérifier si elle a été profonde et harmonieuse. Bref, Jeff admet que le gus sait skier, mais il le tient pour un « bourrin », autre terme qu'il emploiera à l'apéro, le soir, en sirotant son génépi, quand il relatera la scène à ses collègues ESF. Le gus ne sera pas présent.

Lorsque l'anecdote remonte à la surface de la boîte à souvenirs, je suis partagée. J'aimais bien ce gus, chevalier solitaire dans sa bulle, différent. Il portait une tenue complètement hors norme, on disait « grunge », déjà, sombre et mal ajustée – ou délibérément pas ajustée. C'est une forme de luxe que de n'avoir rien à prouver, d'être soi, en dessinant des courbes dans la poudreuse, un point c'est tout. Mais j'ai aussi apprécié la sentence de Jeff. Une belle trace, ça se partage. C'est finalement ce qui m'anime aujourd'hui, dessiner une belle trace et la partager. C'est ainsi que, dans l'intranquillité de ma tête, les contours de Mister K, ma marque, se forment et se cristallisent. Je ne l'ai pas décrétée ni planifiée, elle est une éponge qui absorbe les mouvements et les tendances de la vie, qui vont et viennent.

Deux belles rencontres sont venues confirmer mes intuitions, devenues convictions, au moment où Mister K commençait à se frayer un chemin buissonnier dans le paysage.

Nathalie[31] est directrice générale du cabinet NellyRodi[32], conseil en stratégie de marques, innovation et créativité. Bien mieux que Météo France, Nathalie possède des antennes multidirectionnelles très sensibles pour capter l'air du temps qui vient. Celles-ci ont décelé qu'une évolution inédite et profonde est en cours. Ce sont désormais le client, l'usager, le fan, le citoyen… qui impriment la marque, leur marque, qu'ils s'approprient parce qu'elle contient toutes leurs aspirations, y compris la quête d'achats utiles ou même futiles pour se faire plaisir, mais en tout cas sans plus jamais transiger avec l'impératif d'écologie, d'authenticité, d'équité et de sens, dans le grand fracas de notre planète.

Après Nathalie, je fis la rencontre d'Inès (12), créatrice de la société Digital for the Planet. Inès mènerait au bord de la crise de nerfs les idéologues du cloisonnement et du repli sur soi. Elle est citoyenne d'un monde transversal menacé. Plus qu'une start-up, un cabinet de conseil, une ONG ou un véhicule de lobbying, son projet est un manifeste et un plan d'action. Elle dirige une équipe de chercheurs experts et de scientifiques qui planchent en particulier sur la pollution du numérique, singulièrement dangereuse parce qu'elle est invisible et massivement intégrée dans nos vies.

Pas question de psalmodier des incantations ni de prédire la fin du monde. Ouvrir résolument les yeux est un bon début. Que voit-on ? Que notre planète s'essouffle sous les coups répétés qu'on lui inflige. Je partage avec Inès la même conception du progrès et de la relation entre l'homme et la machine. Ne sommes-nous pas allés trop loin dans notre aliénation à la machine ? Sûrement, lorsque nous poussons trop avant cette relation frénétique entretenue entre productivistes et consommateurs boulimiques. Mais la machine a aussi du bon quand elle nous aide (Instagram et Mister K) et nous soulage (l'arsenal médical qui m'a sauvée). C'est une question de discernement et d'arbitrage mieux administré entre l'homme et ses besoins.

J'ai du mal à percevoir l'intérêt de remplacer tous les ans sa Porsche ou sa Ferrari par un modèle toujours plus puissant ; en revanche, investir l'équivalent du coût de ces véhicules dans le développement d'un PET Scan plus performant, oui, ça, je le comprends sans peine. Enfin, ne stigmatisons pas les pilotes de ces beaux jouets de luxe, faisons en sorte qu'ils adhèrent en douceur aux changements devenus inéluctables. Du reste, selon un ami qui fréquente assidûment les stages de récupération de points sur son permis parce qu'il se drogue toujours à la vitesse, quoiqu'au volant de voitures plus modestes, il paraît que Ferrari aurait dans les cartons un modèle hybride plus vertueux. C'est dire si une lame de fond s'est levée.

Nous n'héritons pas de la terre de nos ancêtres, nous l'empruntons à nos enfants.

Attribuée à Saint-Exupéry, cette citation visionnaire serait plutôt un dicton né chez les Inuits et ce serait le plus plausible, les Inuits et les ours polaires étant en première ligne pour constater les effets funestes du réchauffement de notre vieille planète.

Alors, oui, le temps est venu de raisonner en inuit, anticipant le jour où les générations futures nous demanderont des comptes pour notre inconduite aveugle d'aujourd'hui.

Voilà, je suis, avec Nathalie, Inès et tant d'autres, convaincue qu'une marque ne peut plus être construite de toutes pièces de façon abstraite et cynique, à coups de pubs sexy. Une marque, Mister K, ma marque, ne peut être que coélaborée, vous dis-je, par vous et moi, en partageant le même niveau d'exigence et d'engagement face à tous ces défis qu'il nous faut relever. Si l'on perd sa trace, on est désorienté, comme un poulet sans tête ou bien une Ferrari qui fonce à grande vitesse sans GPS, tous feux éteints, dans le brouillard.

Au 4 de la rue de Chanaleilles, non loin du musée Rodin et de son jardin, le plus beau de Paris peut-être, il est un immeuble insolite. Ses voisins sont des bâtiments rectilignes et austères, ministères et dépendances administratives en tout genre. Le 4 possède une entrée discrètement dissimulée derrière une grille intégralement couverte de lierre. Michka avait ses habitudes au pied de cette grille verdoyante. Lui aussi a besoin de laisser des traces et a horreur de l'imprévu ou des entorses à sa routine. J'ai pourtant dû me résoudre à quitter ce quartier, trop chargé en mauvais souvenirs du K. Mais je repense parfois au 4 de la rue de Chanaleilles, pour une raison hors du temps. Un beau jour où Michka traînait sa flemme plus que d'habitude, reniflant chaque feuille de ce lierre qui enregistrait le passage concurrent d'autres chiens du coin, il me prit de lever les yeux. Au-dessus de la porte d'entrée, en partie masquée par la grille et sa toison verte, on aperçoit une plaque de marbre. Ces mots y sont gravés :

Dans cette maison a vécu de 1954 à 1978 René Char.
« Un poète doit laisser des traces de son passage, non des preuves. Seules les traces font rêver. »

… Je n'ai jamais cru aux coïncidences.

26. Rêver

*La meilleure façon de réaliser ses rêves
est de se réveiller.*

Paul Valéry

« Viens, ma biche, tu vas pas regarder ces bêtises, on va faire quelque chose de beau… » C'était la phrase quasi rituelle que j'entendais tous les matins, en vacances chez ma grand-mère bien-aimée, autour de mes dix ans. Veuve depuis longtemps, elle habitait au centre de la France, qu'on dit aujourd'hui « périphérique ». Pour moi, cette France était au centre, absolument au centre de plein d'émotions. Il suffirait de peu de choses, à part l'argent, pour que cette périphérie redevienne centre. Reconnaissance, décentralisation, estime de soi, volonté, initiatives… ? Quant aux bêtises qui m'absorbaient tous les matins, il s'agissait du *Club Dorothée* et des Musclés. J'aimais bien, mais ma grand-mère y voyait un abrutissement ; c'était son mot, un « abrutissement ». Alors, elle prenait la situation en main : « On va faire quelque chose de beau… » D'abord, éteindre la télé, puis choisir entre trois ateliers qui nécessitaient de l'imagination et pas mal d'artisanat : atelier cuisine, atelier dessin, atelier couture. Très rarement, j'optais pour l'atelier cuisine, sauf les jours de crêpes, parce que les faire sauter dans la poêle afin de les retourner était une grosse prise de risque assez drôle. Les ateliers dessin et couture avaient de très loin ma préférence. Ils étaient du reste complémentaires. Quand je déclarais l'ouverture des ateliers deux et trois, un programme conception-fabrication était lancé.

Un beau jour, après avoir sûrement repéré une robe dans un sketch du *Club Dorothée* aperçu à la volée avant l'extinction de la monumentale télé Schneider, je décide de la recréer pour moi. Ce n'était pas n'importe quel modèle, il s'agissait d'une robe d'Andalouse rouge à pois blancs, pleine de froufrous et de complications. Voté à l'unanimité, le projet est initié.

Phase design : on attrape les crayons, la boîte de couleurs et le papier Canson. Application, excitation, énervement, larmes, rires – deux journées pour sortir la maquette.

Phase *supply chain* : choix des fournisseurs. Le mardi, jour du marché sur la place de l'église, je suis ma grand-mère en slalomant entre les étalages de tissus et de prêt-à-porter des années 1990. Pas simple de trouver un métrage rouge à pois blancs, mais on y parvient, marchandage pour la forme, pas d'appel d'offres possible.

Retour à l'atelier en passant par chez Jeannine, la mercière, pour se fournir en dentelles, en laçage et en accessoires. Là, pas de négociations, on me présente et on me fait briller en tant que conceptrice donneuse d'ordres.

Phase production : les choses techniques commencent. Ma grand-mère sort du placard la machine à coudre électrique Singer, summum de technologie ! Pédale sous la table pour déclencher le mouvement du va-et-vient magique de l'aiguille, loupiote intégrée sous le bras de l'engin pour éclairer l'ouvrage. J'ai toujours en tête la rythmique et le bruit de la Singer, avec ses variations, hésitante au début puis très, très rapide quand j'eus pris de l'assurance, une symphonie chromatique. De nouveau, application, excitation, énervement, larmes – beaucoup plus d'énervement et de larmes, la Singer est difficile à maîtriser –, mais les rires l'emportent immanquablement.

Enfin, essayage et ajustement devant le miroir. Ma grand-mère a fixé sur son poignet la boule porc-épic où sont plantées les aiguilles d'ajustement. Je ne suis plus conceptrice, mais ma propre cliente, je ne peux porter cet accessoire pendant l'essayage. Je suis frustrée, c'est un symbole évident d'excellence et de créativité. J'y repenserai avec amusement en voyant, bien plus tard, les images de Coco Chanel et de Saint Laurent munis du même objet.

Il a fallu deux semaines pour achever le chef-d'œuvre. Je ne l'ai jamais porté en public, il était trop spectaculaire, mais j'ai produit beaucoup de spectacles privés dans lesquels une Andalouse raconte sa vie à une audience composée de Barbie, de Hello Kitty et Les Petits Malins.

Nous avons tous un mythe fondateur, concepteur et fabricant de rêves, enfoui dans les replis de l'enfance. Celui de Mister K est sans aucun doute né dans les ateliers de dessin et de couture ouverts pour moi par ma grand-mère. Elle n'est plus là depuis bien longtemps, la robe d'Andalouse est religieusement rangée dans une mansarde à souvenirs.

Ma petite entreprise et ma marque sont en pleine évolution. Sorties des décombres de mon tremblement de terre, elles ont doucement quitté les rivages de la maladie et de l'épreuve, naturellement, sans heurt, sur le chemin de la résilience et de la reconquête.

De belles personnes viennent de me rejoindre.

Le 27 mars 2019 restera gravé dans ma mémoire comme la date des premiers beaux jours du printemps et des cerisiers en fleur, y compris à Paris avec un minimum d'imagination, mais pas seulement. Elle est aussi consignée au bas d'un document de vingt pages intitulé « Pacte d'actionnaires », qui porte deux signatures apposées sans trembler : Astrid[33] et Charlotte.

J'ai ouvert à Astrid le capital de mon entreprise qui ne sera plus une société par actions simplifiée unipersonnelle, mais une société plurielle. Nous venons de nous associer.

Cet acte illustre si bien « [qu']il n'y a pas de hasard, [qu']il n'y a que des rendez-vous ».

Nous avons fréquenté la même école maternelle, dans des classes différentes. Peut-être nous sommes-nous frôlées autour d'une marelle dans la cour de récréation. Je ne garde de cette époque aucun souvenir très précis. Plus de vingt-cinq ans plus tard, nous nous en sommes rendu compte dès nos retrouvailles, il y a quelques mois.

Pendant ces quelques mois, nous avons beaucoup parlé, de tout, de rien, suffisamment pour constater que les pièces éparses du puzzle de nos deux caractères s'emboîtaient admirablement. Et puis Astrid a mis le pied dans mon bureau-atelier-capharnaüm.

Rompue aux méthodes les plus communément admises de stratégies *merchandising* depuis son école de commerce en passant par le Comptoir des Cotonniers, elle suivait une carrière linéaire… Quelle étincelle a-t-elle pu trouver dans le bric-à-brac de ma boutique pour sortir de sa zone de confort et sonner à ma porte tous les matins afin d'entrer en douceur dans mon projet ? Elle seule le sait ou bien, simplement, parce que c'était elle et parce que c'était moi, pour paraphraser Montaigne.

Impossible de déterminer qui de nous deux a envisagé l'association la première. Le plus probable est que nous l'avons projetée ensemble, implicitement. Nous avons fait tout l'inverse du patinage artistique en commençant par le programme libre pour enchaîner avec les figures imposées.

Il n'y a pas eu véritablement de négociations entre nous, tellement nous converg(i)ons sur l'essentiel.

Pour ces figures imposées, rédaction du business plan et du pacte, Astrid fit appel à un ami avocat, tandis que, comme toujours, je sollicitai de temps à autre Lou et les trapézistes. Les instants de tensions paranoïaques et la théâtralité qui président aux négociations, comme on en voit dans les séries télévisées lorsque les deux parties roulent des mécaniques de chaque côté d'une table de réunion qui ne réunit rien, nous furent épargnés. Nous ne sommes pas faites pour cela, alors il était inutile de recourir à un jeu âpre et convenu qui n'était pas le nôtre ; nous sommes allées à l'essentiel, l'esprit plus que la lettre.

Le panel de nos techniciens du droit et de la finance contribua en peu de temps à la production de notre pacte d'actionnaires, dont je m'imprégnais au fur et à mesure de sa gestation. J'avais comme l'impression de reprendre, en mode accéléré, le cursus juridique que j'avais pitoyablement jeté aux orties à Paris-II. Je trouvais miraculeusement beaucoup de plaisir à lire toutes ces clauses juridiques qu'en d'autres circonstances j'aurais jugées vaines et barbares. *Gouvernance*, *préemption*, *antidilution*, *non-concurrence*, etc. n'avaient plus de secret pour moi au bout de quelques veilles studieuses et stimulantes.

Un terme du pacte me captiva plus que les autres, celui d'*affectio societatis*. Il sonnait comme un palimpseste découvert par Tom Hanks et Audrey Tautou dans *Da Vinci Code* !

Les sommités du panel nous dirent, à moi comme à Astrid, qui ne fait pas non plus preuve d'un entrain naturel pour la chose juridique, que cette expression latine signifie quelque chose comme « désir affectueux de s'associer ».

Tout pacte d'actionnaires n'est juridiquement valable que s'il recèle ce fameux *affectio societatis*. Le nôtre n'en manque vraiment pas.

Ainsi, le 27 mars 2019, à midi pile, Astrid et moi nous sommes engagées l'une envers l'autre à faire prospérer Mister K. Notre complémentarité est naturelle ; notre pacte établit, pour la forme, des attributions de fonctions respectives, mais il n'est nul besoin de se réfugier dans ce document pour savoir que méthode-organisation-analyse financière et comptabilité-*merchandising*… c'est Astrid et que création-design-direction artistique-relations extérieures-*community management*… c'est moi. La moindre ligne de démarcation n'aurait cependant aucun sens, tant nos affinités propres sont interdépendantes.

> *Elles se mêlent et se confondent l'une en l'autre, d'un mélange si universel qu'elles effacent et ne retrouvent plus la couture qui les a jointes.*

Ainsi parlait Montaigne de son pacte d'amitié avec La Boétie. Pacte d'actionnaires ou d'amitié, pour nous, quelle différence ?

Notre affaire commence à pétarader joliment. Nous devons déjà nous renforcer. Instinctivement, nous avons ensemble ressenti que la surchauffe nous guettait, avec tous ses effets toxiques, ne plus spontanément savoir faire la différence entre le détail et l'essentiel, ajouter du stress aux prises de décisions, s'accrocher peut-être, même si c'est un luxe de savoir que la réconciliation suivra immanquablement. L'idéal serait néanmoins de disposer des ressources nécessaires pour éviter d'avoir à tester cette capacité de réconciliation après une phase de dispute. Alors, Astrid et moi prenons notre première décision managériale commune et solidaire : nous partons à la recherche de celui ou de celle qui va nous aider à mieux respirer.

Et, comme par enchantement, « Wonder Agathe[34] » apparut dans notre paysage. Nul besoin de test ou de *process* d'embauche sophistiqué, comme on le lit dans les revues savantes de management. Arrivée de Lyon avec son beau diplôme de l'EM Business School, Agathe était formatée pour rejoindre un grand groupe d'audit ou bien un faiseur de pluie en stratégies industrielles et commerciales… Eh bien, non ! Elle nous a choisies. Cela nous a pas mal émues quand elle a déclaré nous avoir ciblées sur LinkedIn. Très vite, le triangle managérial magique a sauté aux yeux : facteur humain-confiance-autonomie.

L'EM Lyon doit sûrement dispenser un mastère disruptif pour les fées Clochette. Agathe a bel et bien ce diplôme en poche. Concrètement, elle est devenue notre chef de projet marketing digital, ce n'est pas rien dans une start-up.

Notre entreprise n'est pas encore un groupe, loin de là, mais une chorale, c'est certain, qui vibre à l'unisson avec ses clientes et plus de vingt mille *followers*. Le rêve *work in progress* continue.

Au sortir de l'épreuve, ma mère m'a offert, en juin 2016, un voyage dans mon autre pays que j'avais quitté toute petite. Je devrais dire : « Ma mère *nous* a offert ce voyage. » Elle aussi, un an avant moi, avait traversé l'épreuve sans jamais se plaindre. Un couple mère/fille d'anciennes combattantes allait sillonner la *West Coast*, histoire de célébrer les mystères de la vie qui s'était entêtée à nous pousser en avant. En quittant la Highway 40 qui traverse l'Arizona, nous somnolons en roulant, ou l'inverse, nous roulons en somnolant – c'est imprudent, je sais –, le Grand Canyon nous attend. Nous nous arrêtons enfin, impossible d'aller plus loin sous peine de sortir de la route, ce serait idiot. Cinq boutiques assoupies, elles aussi, nous attendent, un bric-à-brac de stations servant essence, fast-food, artisanat, souvenirs, posé au milieu de nulle part, comme un drapeau américain, typiquement américain, planté là pour marquer une conquête du commerce sur le désert. J'entends instantanément dans ma tête Jevetta Steele chanter la chanson de *Bagdad Café*…

A desert road from Vegas to nowhere
Some place better than where you've been
A coffee machine that needs some fixing
In a little café just around the bend…
I'm calling you…
Can't you hear me[a]*…*

Paris est si loin, on étouffe de chaleur, mais on est bien. Un homme buriné nous prend en charge, *lemonade* glacée et sandwichs au poulet réglementaires. Il est cuivré et taciturne, indien évidemment. La résilience le porte depuis quatre générations. Il est toutefois commerçant aussi, le masochisme et la nostalgie n'aident en rien à vivre. Alors, il me vante et me vend un *dreamcatcher*. Ses cousins artisans locaux y ont mis tout leur cœur. La mondialisation n'a pas réussi à tuer leur culture, elle ne le souhaitait pas non plus, elle ne fait que prospérer à l'aveuglette, investissant chaque interstice laissé vacant ; à nous de la canaliser et de lui donner sens si elle déraille. Mon Indien du jour en tire parti du mieux qu'il peut, pragmatique. Je l'écoute me

---

a. Une route déserte de Vegas à nulle part / Un endroit meilleur que là d'où tu viens / Une machine à café déglinguée / Dans un petit bistrot au détour du virage… / Je t'appelle… / Ne m'entends-tu pas…

raconter que ce *dreamcatcher* est un cercle magique dont la toile d'araignée centrale a pour mission cosmique de stopper les mauvais esprits de la nuit pour ne laisser passer que les songes les plus beaux de l'aube. Vous imaginez bien que cet attrape-rêves de tous mes rêves est aujourd'hui accroché face à mon lit.

Il est des combats qu'on n'a pas choisi de mener. Ne pas les mener serait la pire des défaites, une défaite morale sans s'être battu. Les rêves font partie de l'arsenal.

Rien n'est impossible, surtout pas les rêves, simple réalité en phase d'éveil.

Ne jamais regretter d'avoir rêvé trop fort, se tromper est le seul risque – et alors ? Demain matin sera un jour nouveau, un jour pour faire autrement s'il le faut, et vivre, vivre…

Annotations et crédits

1. Morgane Sézalory : https://www.instagram.com > morganesezalory.
2. Corentin Petit : https://fr.linkedin.com/in/corentin-petit-37855b14
3. Sézane : https://www.sezane.com.
4. Bob Beamon : YouTube 805Bruin, *World record long jump – 1968 Olympics.*
5. KissKissBankBank : https://www.kisskissbankbank.com/fr
6. Hugo Roblin. https://vimeo.com/user 92770595 – Instagram@ hugoroblin
7. Mia Borgel (B le Buro) : www.b-leburo.com/mia-borgel.html
8. Merci @ Valérie Expert (LCI) : https://misterk.fr > blog du 5 février 2016.
9. https://misterk.fr/presse/.
10. *Mai Hua Emotional Diary, a quest for Growth, Authenticity and* Life / Maihua.fr
11. Évelyne Thomas (*Être une femme, Les Grands Entretiens*, Chérie 25) : https://www.nrj-play.fr/cherie25/etre-une-femme-les-grands-entretiens/actualites/charlotte-husson-410091660
12. Siham Jibril (*Génération XX*) : https://www.lesconfettis.com/siham-jibril-generation-xx
13. Axelle Tessandier : https://fr.wikipedia.org/wiki/Axelle_Tessandier ; axlagency.com
14. Mathilde Lacombe : https://mathildelacombe.com ; https://www.instagram.com/mathildelacombe
15. Inès Leonarduzzi (Digital for the Planet) : https://fr.wikipedia.org/wiki/Inès_Leonarduzzi ; https://digitalfortheplanet.com.
16. Francine Leca (Mécénat chirurgie cardiaque) : https://fr.m.wikipedia.org/wiki/Francine_Leca
17. David Démann (Fondation AEMD) : aemd.ch/accompagnement-personnel
18. Silvia Kahn : https://fr.linkedin.com/in/silvia-kahn-9924b379
19. Meilleurs moments de la Journée de la femme digitale 2017 : https://www.forbes.fr/femmes-at-forbes ; https://lajourneedelafemme digitale.fr
20. Delphine Remy-Boutang : https://fr.linkedin.com/in/delphineremy boutang
21. Catherine Barba : https://fr.wikipedia.org/wiki/Catherine_Barba

22. Sarah Ourahmoune : https://fr.wikipedia.org/wiki/Sarah_Ourahmoune
23. http://rocchigiovanni.fr
24. Juliette Dumas (Shine Academy) : http://juliettedumas.paris.
25. Li Edelkoort : https://fr.wikipedia.org/wiki/Lidewij_Edelkoort ; www.edelkoort.com/fr/galerie
26. Sheryl Sandberg : https://fr.wikipedia.org/wiki/Sheryl_Sandberg
27. Alice Zagury (The Family) : https://fr.wikipedia.org/wiki/Alice_Zagury ; www.thefamily.co
28. Studio Berçot : https://fr.wikipedia.org/wiki/Studio_Berçot ; www.studio-bercot.com
29. Blair Chivers : https://www.blairchivers.com ; artsaintbarth.com/portfolios/blair-chivers
30. Institut Gustave-Roussy : https://www.gustaveroussy.fr
31. Nathalie Rozborski : www.bar-da.com/index.php/2018/06/14/nathalie-rozborski-dga-de-nellyrodi
32. NellyRodi conseil : https://www.nellyrodi.com
33. Astrid Legmann : https://fr.linkedin.com/in/astrid-legmann-0aa20010
34. Agathe Guetat : https://fr.linkedin.com/in/agathe-guetat-2a3b86a9

Remerciements

À ma mère, qui m'a donné sa force,

À mon père, « correcteur » bienveillant, je les aime tendrement.

À mes irremplaçables amies et amis,

À mes sœurs et mes frères de cœur…

Aux médecins et personnels soignants qui m'ont sauvée.

Et à Michka, évidemment !

Ce récit vous est dédié, je sais que tous, vous vous y reconnaitrez.

Aucune, aucun, ne m'a lâchée, jamais intrusif, jamais théâtral, jamais pathétique, juste exemplaire et généreux.

Sans elles, sans eux, je n'aurais pas trouvé le ressort pour ajouter les petits matins de fol espoir aux nuits d'abîme.

Que celles et ceux qui ne sont pas apparus au fil de la narration sachent que la chimio, qui peut laisser quelques trous dans le cerveau, n'aurait toutefois jamais pu les effacer.

Aucun être aimé n'est absent du tréfonds de mon cœur.

À ma nouvelle vie...

Charlotte

Prologue 9

1. Renaissance 17
2. HSP 23
3. Courage 27
4. Rencontres 31
5. « Je suis Charlie » 37
6. Égalité, fraternité… Mbappé 43
7. Oser 47
8. Entreprendre 55
9. Le Kbis 63
10. Catalepsie 73
11. Méditerranée 81
12. Héros 87
13. Michka 93
14. Confiance 103
15. Résilience 109
16. Double peine 115
17. La quête 123
18. KissKissBankBank 133
19. Management 143
20. Médias 151
21. Coaching 161
22. Le lien 175
23. Chrysalide 187
24. Papillon 197
25. La trace 209
26. Rêver 219

Annotations et crédits 231
Remerciements 233

PAPIER À BASE DE
FIBRES CERTIFIÉES

MARABOUT
s'engage pour l'environnement
en réduisant l'empreinte carbone
de ses livres.
Celle de cet exemplaire est de :
700 g éq. CO_2
Rendez-vous sur
www.marabout-durable.fr

Imprimé en Italie par Grafica Veneta
Pour le compte des éditions Marabout
(58, rue Jean-Bleuzen, 92178 Vanves)
Dépôt légal : août 2019
ISBN : 978-2-501-13428-6

4576811

Composition et mise en pages
Nord Compo à Villeneuve-d'Ascq